JAKOB MEYER, SOLDAT DE NAPOLÉON

Collection Mémoires/Histoire au singulier

Illustration de couverture : © Bibliothèque universitaire de Cassel, *Universitätsbibliothek Kassel, Landesbibliothek und Murhardsche Bibliothek der Stadt Kassel.* Cote : 8° Ms.hist.24
Reproduction de la page 27 du carnet de croquis d'uniformes westphaliens de Samuel Hahlo.

Le suivi rédactionnel de cet ouvrage a été effectué par Chloé Pathé.

Tél. : 01 44 73 80 00. Fax : 01 44 73 00 12. E-mail : contact@autrement.com
ISBN : 978-2-7467-1330-7. ISSN : 1157-4488.
Dépôt légal : novembre 2009. Imprimé en France

JAKOB MEYER

JAKOB MEYER, SOLDAT DE NAPOLÉON

Mes aventures de guerre, 1808-1813

Traduit de l'allemand et présenté par Ernest Kallmann
et Françoise Lyon-Caen

Éditions Autrement – collection Mémoires/Histoire au singulier n° 150

Récit de la destinée et des aventures de guerre de l'ancien maréchal des logis de l'armée de Westphalie Jakob Meyer de Dransfeld au cours des campagnes d'Espagne et de Russie.

Deuxième édition améliorée et augmentée, écrite par lui-même.

Göttingen 1837

Imprimé chez Friedrich Ernst Huth

Erzählung

der

Schicksale und Kriegsabenteuer

des

ehemaligen Westphälischen Artillerie Wachtmeisters

Jakob Meyer

aus Dransfeld

während der Feldzüge in Spanien und Rußland.

Zweyte neu verbesserte und vermehrte Auflage,
von ihm selbst geschrieben.

Göttingen 1837.
Gedruckt bey Friedrich Ernst Huth.

(Für den Subscriptionspreis von 8 Ggr. bey dem Verfasser zu haben.)

PRÉFACE

C'est à une suite de hasards que nous devons l'ouvrage présenté ici. Les souvenirs de Jakob Meyer auraient presque disparu sans la curiosité et la ténacité de Friedrich Rehkop. Cet architecte, ancien maire et actuel historien local de Dransfeld[1], affecté de troubles visuels graves, l'a redécouvert et publié à compte d'auteur en 2004. Je n'aurais jamais rien appris de tout cela si je n'avais entrepris une recherche généalogique à Dransfeld pour un collègue du Cercle de généalogie juive. Le fonctionnaire municipal me dirigea immédiatement sur M. Rehkop, qui se mit en quatre pour nous aider. Sans même nous demander notre avis, il nous expédia en cadeau un livre de six cents pages sur l'histoire de sa ville, écrit de sa plume et publié avec de nombreux soutiens locaux. Y étaient joints deux exemplaires du récit des aventures de Jakob Meyer. Une relation confiante s'est alors établie entre nous.

Les aventures militaires de Jakob Meyer m'ont immédiatement enchanté et ont ravi ceux qui étaient en mesure de lire le texte allemand. L'idée de les traduire a rapidement surgi et Friedrich Rehkop nous a aussitôt soutenus dans cette entreprise et donné les autorisations nécessaires.

1. Dransfeld, petite ville de Basse-Saxe, à 12 km au sud-ouest de Göttingen.

Jakob Meyer a publié une première version de ses « aventures de guerre » à compte d'auteur chez Huth à Göttingen, en juillet 1836. Elles ont probablement été écrites peu auparavant, soit une vingtaine d'années après les faits. Une nouvelle édition paraît en mars 1837, la première étant déjà épuisée. Jakob Meyer la présente comme « complétée et écrite par lui-même » et dédiée « à tous ses compagnons d'armes ». Agrémenté des préfaces des deux éditions, le petit livre débute par la liste des quelque 500 souscripteurs de cette seconde édition[2], dont la traduction est proposée ici*. Nous venons de découvrir qu'il y a eu une troisième édition en 1838, il en sera question plus loin.

Des exemplaires de chacune des trois éditions figurent dans les fonds de bibliothèques universitaires allemandes. Il doit bien rester quelques autres exemplaires dans des bibliothèques familiales ou publiques, et quelques spécialistes de l'histoire napoléonienne en ont vraisemblablement pris connaissance.

Il a fallu les événements des années 1930 pour que le texte resurgisse en Allemagne et soit connu d'un cercle restreint. Jakob Meyer a fait souche et une lignée de ses descendants est restée en Basse-Saxe. Un petit-fils, Fedor Meyer, né en 1881, a combattu pendant la Première Guerre mondiale en Russie. Il disposait d'un exemplaire, qu'il a fait rééditer en quantité limitée en 1934, au début de l'ère nazie, à l'intention de sa famille ; il s'agirait donc là d'une quatrième édition. Paul Meyer, le fils de Fedor, pense que « la raison profonde de [l']acte [de son père] était sans doute son rejet des nazis, en montrant qu'il avait lui aussi, comme son grand-père, combattu pour l'Allemagne[3] ». Paul a réussi à quitter

---

2. La répartition géographique des souscripteurs est régionale, sinon locale. Sur les quelque 500, plus de 400 ont été répertoriés dans un rectangle de 70 km sur 28 centré sur Göttingen. Le souscripteur le plus lointain s'en trouve à 92 km, dans la capitale du royaume, Hanovre ; il est le seul. Il est donc compréhensible que le texte n'ait eu qu'un retentissement local et soit tombé dans l'oubli.

3. Les Allemands sont particulièrement sensibles aux récits des campagnes de Russie. Ils y retrouvent des lieux, des paysages et des sensations qu'ils ont connus lors de leurs propres campagnes de 1914 à 1917 puis de 1941 à 1945. Fedor Meyer

l'Allemagne en 1937 et à s'établir finalement au Brésil, emportant avec lui un exemplaire de l'édition de 1934. C'est une copie de cet exemplaire, obtenue par l'entremise de son ami d'enfance Hans Riedel, qui a permis à M. Rehkop d'établir son édition de 2004, donc la cinquième.

Pour tenter d'éliminer le maximum de dérives au fur et à mesure des éditions successives, certaines dues sans doute aux difficultés visuelles de M. Rehkop, nous avons cherché à nous procurer un exemplaire de 1837. Nous avons été généreusement accueillis par Thomas Hemmann, spécialiste de l'histoire napoléonienne, qui nous a gracieusement fait parvenir une copie de son propre exemplaire. Il nous a aussi fait entrevoir le vaste monde des chercheurs passionnés par l'Empereur et nous a donné accès à divers documents fort utiles. Que messieurs Rehkop et Hemmann, généreux contributeurs à notre modeste travail, soient chaleureusement remerciés.

Depuis quelque temps déjà, une réédition allemande était annoncée. Elle a finalement paru au second semestre 2008[4], année du bicentenaire de la fondation du royaume de Westphalie. Sixième publication, elle reprend l'édition de 1838 qui nous était jusque-là inconnue et dont nous avons appris l'existence à cette occasion. Les originaux des éditions de 1836, 1837 et 1838 peuvent être consultés à la bibliothèque universitaire de Göttingen.

Jakob Meyer déclare dans les préfaces de son ouvrage qu'il l'a écrit de mémoire, ce qui explique quelques imprécisions. Il ajoute, en 1837, « l'avoir amélioré et complété », et, en 1838, « y

---

y a rencontré un certain Fritz Riedel vers 1915, puis Hans, le fils de ce dernier et Friedrich Rehkop furent aussi envoyés en Russie pendant la Seconde Guerre mondiale. Hans Riedel et Paul Meyer, dernier descendant de notre héros, étaient amis d'enfance.

4. Jakob Meyer, *Erzählung der Schicksale und Kriegsabenteuer des westfälischen Artillerie-Wachtmeisters Jakob Meyer aus Dransfeld*, Engelskirchen, Fachverlag Amon, 2008.

avoir apporté de nombreux ajouts et l'avoir amélioré autant que possible ». L'accueil des lecteurs l'aurait puissamment encouragé à « mieux combler certaines lacunes et à rendre plus vivantes certaines descriptions ». Les ajouts de 1838 ne concernent que des anecdotes sans incidence sur le déroulement du récit, Jakob y tient le rôle du soldat brave et au grand cœur ou du beau garçon qui attire les jeunes filles.

Le moment historique des événements auxquels participe Jakob Meyer est particulier : l'esprit des Lumières, concrétisé par les avancées sociales et politiques de la Révolution française, pénètre doucement en Allemagne, même si les structures de pouvoir résistent, jusqu'à ce que le royaume de Westphalie soit créé. Voici donc un jeune habitant du grand-duché de Hanovre qui devient subitement citoyen émancipé du royaume de Westphalie, créé en 1807 par Napoléon et dont il laisse le gouvernement à son petit frère Jérôme. Moins d'un an plus tard, Jakob, engagé volontaire dans l'armée napoléonienne, participera aux combats sanglants des campagnes d'Espagne (1808-1809) puis de Russie (1812).

Dès 1815, la situation politique sera revenue au *statu quo ante* et le royaume de Westphalie aura disparu. Mais, pour les soldats de la Grande Armée, rien ne sera plus pareil. On sent persister chez Jakob Meyer un attachement viscéral au « grand homme » dont le charisme a entraîné des centaines de milliers d'Européens vers la gloire puis le désastre. Napoléon n'incarnait-il pas aussi la liberté[5], dont le professeur d'anglais hambourgeois de Jakob lui « inculqua le noble sens » ?

Le titre choisi par l'auteur, « Récit de la destinée et des aventures de guerre de l'ancien maréchal des logis d'artillerie de l'armée de Westphalie Jakob Meyer de Dransfeld au cours des

5. Les victoires éclatantes de l'Empereur au début de ses grandes campagnes semblaient en effet témoigner de la puissance des valeurs issues de la Révolution française dont il se voulait porteur.

campagnes d'Espagne et de Russie », reflète à la fois une certaine modestie lucide et une volonté de narrer et de s'inscrire dans un genre littéraire assez identifié, celui des récits de guerre. Il ne s'agit pas pour autant d'un simple rapport de campagne, mais davantage d'une série de faits divers, de l'amusant au dramatique, vécus et ressentis personnellement par Jakob Meyer.

Comme Jakob Meyer n'a certainement pas tenu de journal, les indications d'itinéraire et de date ainsi que les noms de personnes et de lieux posent parfois problème. Lorsque c'était possible, nous avons tenté de fixer les unes et d'identifier les autres. De même, de nombreux termes français sont entrés dans le vocabulaire de Jakob Meyer pendant sa participation à la Grande Armée et offrent des orthographes parfois curieuses...

Dans son texte, Jakob Meyer se présente comme un être droit et courageux. On pourrait lui prêter une certaine naïveté, cependant sa débrouillardise et son optimisme l'aident à sortir de situations difficiles. Son contact aisé et empathique l'assure de ne jamais se retrouver seul. Son récit trouve enfin sa place dans l'ensemble des souvenirs et témoignages individuels des survivants de toutes nationalités et de tous grades des campagnes napoléoniennes, vétérans de la Grande Armée, publiés en grand nombre dans la première moitié du XIXe siècle, et qui inspirèrent romanciers et poètes de toute l'Europe.

Comment, sous cet aspect, situer notre texte et voir son intérêt spécifique ? Plutôt que des révélations ou des détails inconnus, il nous a fait découvrir et fera découvrir au lecteur, espérons-nous, un homme attachant par sa personnalité et intéressant par son environnement social. Le récit apporte aussi quelques surprises, que nous laissons nos lecteurs découvrir.

J'ai beaucoup hésité à entraîner Françoise Lyon-Caen dans une traduction à quatre mains, plus contraignante, mais ne le regrette pas. Non seulement nous avons bénéficié de deux lectures et de deux écritures indépendantes, mais elle m'a fait bénéficier de ses compétences historiques et géographiques. Je lui dois l'essentiel de mes remerciements. Pour ses traducteurs, passer du temps avec Jakob est devenu un véritable plaisir.

Ernest Kallmann

---

* Bibliothèque universitaire de Göttingen, *Niedersächsische Staats- und Universitätsbibliothek Göttingen, Georg-August-Universitäts-Bibliothek.*
Kurze Erzählung der Schicksale und Kriegsabenteuer des ehemaligen Westphälischen Artillerie Wachtmeisters Jakob Meyer aus Dransfeld während der Feldzüge in Spanien und Rußland, von ihm selbst geschrieben. Huth, Göttingen, 1836. Cote : 8H UN VI, 4160.
Erzählung der Schicksale und Kriegsabenteuer des ehemaligen Westphälischen Artillerie Wachtmeisters Jakob Meyer aus Dransfeld während der Feldzüge in Spanien und Rußland, von ihm selbst geschrieben. Huth, Göttingen, 1837. Cote : 8H UN VI, 4160 <2>.
Et Huth, Göttingen, 1838. Cote : 8H UN VI, 4160 <3>

RÉCIT DE LA DESTINÉE ET DES AVENTURES DE GUERRE DE JAKOB MEYER DE DRANSFELD, ANCIEN MARÉCHAL DES LOGIS D'ARTILLERIE DE L'ARMÉE DE WESTPHALIE PENDANT LES CAMPAGNES D'ESPAGNE ET DE RUSSIE[1]

Jeunesse et adolescence

Je suis né en 1786 dans le bourg d'Adelebsen, près de Göttingen, dans une famille honnête et pieuse. Ma pauvre mère mourut, hélas, prématurément et de façon inattendue. Peu après, mon père épousa en troisièmes noces une veuve qui amenait avec elle plusieurs enfants mineurs, issus d'un premier mariage. Comme cela se produit fréquemment dans de telles circonstances, il en surgit bien des dissensions et l'harmonie du foyer en souffrit.

Du fait de mon tempérament instable depuis l'enfance, mon père ne pouvait pas m'employer utilement dans ses affaires : doté d'une grande curiosité d'esprit et d'un profond amour de la liberté, je songeai, dès mes années d'école terminées, à tenter ma chance dans le monde. Dès que j'eus atteint 16 ans, mon père m'envoya chez un oncle à Marburg. Mais je n'y tins qu'un trimestre et partis pour Francfort-sur-le-Main, où, à cause de ma jeunesse et du manque de recommandations, je ne parvins pas à trouver d'emploi. Je dus alors revenir à la maison et, comme on peut facilement l'imaginer, l'accueil que me réserva mon père ne fut pas des plus chaleureux. Je ne demeurai que six mois à la

1. Toutes les notes sont des traducteurs. [NdE]

maison, au bout desquels ma belle-mère m'incita à me rendre chez son frère, N. Meyer, de Hanovre, qui était, en 1804, fournisseur de l'armée française à Mölln.

Mon père m'ayant volontiers donné son autorisation, je partis muni d'un maigre viatique et d'une lettre de recommandation pour N. Meyer. Je tombai malade en cours de route près de Lauenburg et arrivai dans cet état à Mölln. Là, on me fit un accueil amical et grâce aux bons soins d'un médecin, je pus quitter le lit au bout de quelques jours. Mais, comme je ne savais pas le français, M. Meyer ne put m'employer dans ses affaires. Il me donna donc quelques thalers pour le voyage de retour que je n'avais cependant nulle envie d'entreprendre : je préférais de loin aller tenter ma chance à Hambourg.

À Mölln, où je passai encore quelques jours, je pouvais voir les Français se livrer à leurs exercices et manœuvres quotidiens ; ce qui me donna l'envie d'entrer dans l'armée.

Mon désir d'aller à Hambourg se réalisa grâce à un voyageur qui offrit de m'emmener gratuitement avec lui. Dans cette ville, je fis la connaissance d'un compatriote qui me procura un emploi. Je l'occupai pendant quatre années et serais bien resté plus longtemps encore si le mauvais sort ne l'avait voulu autrement.

Je brûlais d'amour pour une jeune et jolie voisine, proche parente de mon patron, et ce sentiment ne restait pas sans retour. Il se noua secrètement entre nous une tendre relation qui m'a procuré bien des heures de bonheur. Mais cette félicité ne devait pas durer bien longtemps. Des voisins malintentionnés attirèrent l'attention de mon patron sur notre relation, et celui-ci, qui ne me trouvait ni assez riche ni d'une famille assez honorable, désapprouva notre amour et chercha à y mettre fin en me renvoyant. Je dus quitter mon emploi et donc aussi Hambourg ; je n'ai plus jamais revu mon amour de jeunesse.

Me trouvant sans situation, je fus contraint de retourner, une fois de plus, dans ma ville natale.

Pendant mon séjour à Hambourg j'avais fait la connaissance d'un professeur de langue anglaise, auquel je dois beaucoup, car il me donna quotidiennement des leçons et m'instruisit de bien des choses encore. Il m'inculqua surtout le noble sens de la liberté, ce qui accrut encore mon inclination pour la vie militaire.

Mon père comprit bien que le séjour à Hambourg m'avait tellement marqué que j'aurais trop de peine à me réhabituer à sa manière de vivre, à ses mœurs et à ses habitudes. Il m'incita à quitter à nouveau ma ville natale et me procura un emploi chez un de ses bons amis en Hesse, un certain Kugelmann, un très brave homme. J'entretenais des relations très amicales avec son fils, mais des différends avec la maîtresse de maison me chassèrent au bout de six mois de cette demeure qui m'était devenue chère.

Revenir dans ma famille n'était pas envisageable, car je ne pouvais guère attendre un accueil affectueux de mon redoutable père, et je partis pour la ville où résidait le roi Jérôme Napoléon[2].

Là, observant chaque jour les manœuvres des militaires de l'armée de Westphalie, je pus me convaincre que les soldats étaient bien traités, et j'en vins à l'idée d'entrer au service comme volontaire.

Volontaire de l'armée de Westphalie

Réorganisé, venant de Brunswick, le magnifique 3e régiment d'infanterie de ligne fit alors son entrée à Cassel et ce spectacle produisit sur moi une forte impression : privé de toute autre aide humaine, doutant de parvenir à quoi que ce soit, je pris la décision de devancer la conscription. J'avais aussi l'espoir d'éviter ainsi à mon frère, qui avait peu de goût pour l'armée, d'être

2. Il s'agit de la ville de Cassel, capitale du tout récent royaume de Westphalie, créé par Napoléon en 1807 pour son jeune frère Jérôme Bonaparte.

appelé au service. Je fis donc établir à cet effet une attestation par le colonel du régiment dans lequel je m'engageai. Toutefois, alors que j'étais depuis longtemps déjà en Espagne, cette attestation fut déclarée sans valeur par la commission de recrutement et mon frère ne fut pas exempté.

Le capitaine[3] à qui je me présentai comme volontaire était M. von Meyer, officier plein de bonté qui me conduisit, avec un M. von Tallart, volontaire lui aussi, au colonel du régiment, le prince de Solm, qui fit prêter serment à ses deux nouvelles recrues. Le colonel déclara au capitaine[4] qu'il souhaitait prendre l'un de nous dans sa compagnie et suggéra que ce soit moi parce que j'étais son homonyme. C'est ainsi que j'eus la chance d'entrer sous les ordres de ce bon capitaine dans la 3e compagnie du 1er bataillon.

J'employai toute mon ardeur à me familiariser rapidement avec les manœuvres et le service, si bien qu'au bout de trois mois j'étais déjà passé caporal. Le bon capitaine était de jour en jour mieux disposé à mon égard et m'offrit l'occasion de m'employer dans l'administration : un sergent-major désinvolte, un certain von O., négligeait tellement son service qu'en son absence je devais me charger des rapports quotidiens et de bien d'autres tâches encore.

C'est vers cette époque que, sur ordre du régiment, le capitaine fut chargé d'établir en trois jours un registre des habillements. Il me demanda si je me risquerais à préparer un registre d'après le schéma imposé, car il craignait que le sergent-major, qui était à ce moment-là aux arrêts, n'y parvienne pas. Sans réfléchir trop longtemps, j'entrepris ce travail, qui n'était pas des plus

---

3. Meyer écrit « Captain », qui en allemand devrait se dire *Hauptmann*. Dans son texte apparaissent, comme dans d'autres récits de militaires germanophones de la Grande Armée, de nombreux emprunts au vocabulaire français, que nous signalons par des italiques.
4. C'est sans aucun doute l'inverse, cette erreur se trouve déjà dans la deuxième édition de 1837, pourtant préfacée par Jakob Meyer lui-même.

faciles, et j'en vins heureusement à bout dès le lendemain. Le surlendemain, je le présentai à mon capitaine, qui parut fort satisfait. Et j'eus bientôt le plaisir de l'entendre dire que mon registre avait été apprécié et il m'en récompensa. Il me recommanda aussi au président Jacobson[5] à Cassel, qui me convoqua un matin, m'accueillit aimablement en me faisant un don en argent et m'exhorta à rester fidèle à l'armée.

À cette époque, un Français nommé Danlup Verdun[6] fut nommé colonel de notre régiment. C'est à son initiative, je présume, que chaque bataillon comporta une compagnie de grenadiers et une de voltigeurs. Contre mon gré, je fus affecté comme caporal à la 1re compagnie de voltigeurs. Mon capitaine, dont je quittais à regret la compagnie, me recommanda aussitôt à mon nouveau supérieur, le capitaine von Lindener, un homme très strict mais soucieux d'équité. J'eus à subir bien des désagréments de la part de notre nouveau sergent-major, un nommé Scharnikhausen, et de sa femme, une créature malfaisante. Mais à ma grande joie, par ordre du régiment, je fus bientôt nommé sergent à la 3e compagnie du 3e bataillon, commandé par le brave capitaine von Pawel.

Je profitai de la permission de huit jours que j'obtins alors pour rendre visite à mon père, qui se réjouit fort de me voir dans un bel uniforme de sous-officier.

Peu après, nous reçûmes l'ordre de nous tenir prêts à faire mouvement : il se disait que nous allions partir pour l'Espagne.

En route pour l'Espagne

J'adhérai alors corps et âme à cette grandiose misère, me réjouissant à l'avance de traverser la France à pied pour gagner l'Espagne, et mon vœu fut exaucé. La 1re division, qui se composait des 2e, 3e

5. Ce personnage est évoqué dans la postface.
6. Il s'agit du général Louis Danloup-Verdun, né en 1769.

et 4e régiments de ligne, d'un bataillon de chasseurs de carrière, d'un bataillon d'infanterie légère et d'une batterie à pied, reçut l'ordre de marcher. Notre régiment dut rejoindre Hirschfeld, où nous restâmes cantonnés quelque temps. Nous touchâmes en même temps un autre colonel du nom de Zink, un homme très strict, qui avait été auparavant au service de la Hesse.

En janvier 1808, notre régiment reçut l'ordre de départ immédiat. Nous devions passer par Fulda, Hanau et Francfort pour rejoindre Mayence, où la division complète se rassembla.

Après quelques jours de repos, nous partîmes par Worms, Spire, Landau, Wissembourg et Haguenau pour Metz.

Cette marche à travers la Rhénanie fut un vrai plaisir, encore accru par notre bonne entente avec la population. À Metz, nous restâmes trois semaines en caserne. Cela mécontenta les chasseurs qui jetèrent matelas et couvertures par les fenêtres et manifestèrent devant la caserne, réclamant de loger chez l'habitant. Peu après, le chef de ce bataillon, M. von Dörenberg, parvenant à grand-peine à maîtriser ses troupes, le général de division ordonna à cette unité de retourner en Westphalie.

Pendant notre séjour à Metz, la division se vit infliger des manœuvres quotidiennes et nous aspirions à un prompt départ, pensant que l'Espagne serait un paradis où le vin coulerait à flots.

Pendant la semaine de Pâques, nous prîmes enfin la route par Nancy, Strasbourg, Sélestat, Colmar et Belfort pour Besançon, où l'on nous accorda un jour de repos. Dans cette puissante forteresse nous vîmes de nombreux prisonniers de guerre anglais. De là nous gagnâmes Dijon, où nous vîmes les premiers prisonniers espagnols.

Dans cette ville, il aurait pu se produire un grand malheur si le général n'avait imposé immédiatement les mesures de sécurité nécessaires. Alors que notre régiment venait juste d'arriver et de prendre ses quartiers, on sonna le rassemblement général, suivi de l'ordre de marche. Chacun saisit ses armes, les habitants jaillirent de leurs maisons, mais personne ne sut ce qui s'était passé avant que nous ne soyons parvenus à notre lieu de rassemblement, où nous apprîmes qu'un voltigeur de notre division avait été mortellement blessé par un civil.

La fureur devint générale et les officiers eurent bien de la peine à calmer leurs hommes. Les autorités municipales tentèrent de nous apaiser en annonçant une enquête minutieuse. Notre général mit fin à l'incident en ordonnant le départ immédiat pour l'étape suivante. Après avoir observé un jour de repos, nous repartîmes pour Chalon, où la division embarqua sur des chalands qui nous transportèrent sur le Rhône[7] jusqu'à Lyon.

Là, on débarqua les troupes pour prendre un peu de repos, mais dès l'après-midi nous repartîmes. Bien que le temps nous semblât long, nous étions ravis par la beauté exceptionnelle des collines bordant la vallée du Rhône. Et puis nous étions bien nourris sur ces bateaux, où ne manquaient ni vin, ni eau-de-vie, ni fromage.

Après un voyage d'une douzaine de jours, nous avons débarqué à Bourg[8]. La colonne se mit en marche pour Nîmes[9]. Dans cette belle ville, je fus par hasard logé dans la maison d'un coreligionnaire portugais nommé Salvedoir, un homme très riche et très considéré. Lors d'un repas très gai, animé par un vin abondant et la présence de deux belles jeunes filles, la conversation s'engagea sur notre religion et mon hôte apprit pour sa plus grande joie que je descendais moi aussi de la tribu des Lévites. Ce brave homme, qui avait perdu un fils de 16 ans, me proposa de rester chez lui si je le voulais. Je m'entêtais cependant à partir pour l'Espagne, bien qu'on me fît observer que le climat me serait très néfaste et que les épreuves d'une guerre pouvaient être extrêmement accablantes. Mais je préférais à toute autre cette carrière plus périlleuse et plus brillante.

---

7. *Sic.*
8. Sans doute Bourg-lès-Valence.
9. Meyer écrit, comme c'était l'usage à l'époque, « Nismes ».

Nous partîmes pour Montpellier et Béziers, passâmes par Narbonne et arrivâmes à Perpignan. Là les troupes purent profiter de quelques jours de repos, consacrés aussi à la réception de toutes sortes de munitions et matériels de campagne.

Sur ces entrefaites, chaque régiment fut avisé que le 3ᵉ bataillon de chacun des trois régiments [10] qui devait former le dépôt resterait à Perpignan. Lorsque je lus cet ordre, je fus saisi d'une peur panique à l'idée que je ne franchirai pas les Pyrénées. J'entrepris de persuader un vieux sergent nommé Aumann, qui avait été au service de la Hollande et avait déjà fait plusieurs campagnes, de me laisser partir pour l'Espagne à sa place. À ma grande joie, il accepta. J'obtins aussi l'accord du colonel, qui me fit cependant remarquer que je serais bien mieux à Perpignan. J'affirmai que je voulais partager le destin de mes camarades. Le jour même je fus affecté à la 3ᵉ compagnie du 1ᵉʳ bataillon. Mon nouveau et peu aimable capitaine Bellmer m'ayant demandé si je croyais qu'en Espagne les oies tombaient toutes rôties, je répliquai : « Certes non, mais j'ai un grand bas de soie que je compte bien rapporter à la maison rempli de doublons espagnols. » Cette réponse lui plut et tous les obstacles furent alors écartés.

La date du départ fut fixée par ordre de la division au 4 mai 1808. Nous avons avancé jusqu'à Bullo [Le Boulou] [11], un village au pied des Pyrénées, où nous avons passé la nuit.

Le lendemain, dès avant le départ, nos fusils furent chargés à balles. À partir de cet endroit, notre colonne s'enfonçait dans les hauts massifs montagneux. Nous fîmes une halte près de la citadelle de Bellgude [Bellegarde] [12] érigée en haute montagne et touchâmes un complément de vivres. Enfin nous atteignîmes de

10. Ce passage correspond au texte rectifié en fin d'ouvrage dans l'édition de 1837.

11. Pour faciliter l'orientation géographique du lecteur, nous insérons en cas de besoin l'orthographe actuelle des lieux lors de leur première occurrence. Ensuite, on respectera l'orthographe rectifiée.

12. Ce fort est situé sur la frontière franco-espagnole au-dessus du Perthus.

l'autre côté des Pyrénées le premier bourg espagnol, Jonquieram [La Jonquiera], qui était occupé par un bataillon suisse appartenant à notre armée. Nous bivouaquâmes pour la première fois dans une forêt proche. On nous signifia que nous devions être sur nos gardes, car si nous tombions aux mains des insurgés, il n'y aurait aucune pitié à attendre d'eux. Le lendemain nous arrivâmes dans la petite ville de Bascara [Bàscara][13], où nous logeâmes chez l'habitant. Puis ce fut Figueras, ville ouverte avec une puissante citadelle, entièrement bâtie en briques crues. À cet endroit, on jouissait d'une vue magnifique au nord sur les Pyrénées, à l'est sur la Méditerranée et au sud sur des vallées riantes et accueillantes. Il est bien dommage qu'un si beau pays soit peuplé de gens aussi butés et méchants. À Figueras, j'ai été logé avec les trois sergents de notre compagnie chez une horrible femme, une veuve revêche, qui ne pouvait pas nous souffrir. Il était rare de rencontrer ici un visage amical, nous croyions reconnaître un ennemi presque dans chaque Catalan. Après une journée de repos, nous nous dirigeâmes vers Medina [Medinyà], un village situé à une heure et demie de route de Gérone, où étaient stationnés deux régiments du grand-duché de Berg qui nous saluèrent à notre passage. Le 8 mai, la division entière prit position avant Sarga [Sarnà del Ter] et Pontmaio [Pont Major], deux villages reliés entre eux par un pont de bois sur le Ternone [le Ter].

Siège et prise de Gérone

Nos troupes prirent ces deux villages et repoussèrent l'ennemi jusque sous les canons de la citadelle de Gérone. Ce jour-là mon capitaine me mit à l'épreuve : ce n'était pas encore mon tour de

13. Bàscara se situe au sud de Figueras, sur la route de Gérone, la *carretera de França*. Cette étape devrait se placer en réalité plus tard dans le récit.

piquet[14], mais je dus, sur son ordre, occuper ce poste avec neuf hommes et un caporal. Je n'y étais pas depuis une demi-heure que l'ennemi s'avançait en masse à portée de canon. Le temps que je donne l'alerte au poste de garde principal et déjà les fusils des tirailleurs ennemis entraient en action. Je restai fidèle au poste jusqu'à ce que nos troupes arrivent en renfort. Lors de cet engagement, le premier auquel je participai aux avant-postes, j'eus deux blessés, dont un grave, mon adjoint Klara.

Je ne peux pas nier avoir été saisi de peur pendant la première heure où deux canons espagnols se sont mis à tirer sur nous depuis l'autre rive du fleuve. Mais le sentiment de l'honneur et le péril qui aurait pu résulter de mon abandon de poste me firent tenir fermement la position jusqu'à ce que nos voltigeurs, qui en étaient venus aux prises avec l'ennemi, viennent me prêter renfort.

La chaleur de plomb et les tirs incessants finirent par me calmer, si bien que toute peur me quitta. Le même jour, Gérone fut assaillie de deux côtés et, le lendemain, les deux régiments de Würzburg nous rejoignirent pour former avec nous un seul camp.

Quelques jours plus tard, une division française commandée par le général Saint-Cyr[15] et une division italienne sous les ordres du général Pino firent mouvement vers nous, si bien que le véritable siège put commencer. De toute la journée, les attaques des insurgés depuis l'extérieur, les tirs de canon depuis la citadelle et les nombreux fortins ainsi que le catapultage de brûlots ne

---

14. Le piquet désigne un « pieu dont on se sert pour attacher les chevaux », d'où par métonymie « groupe de cavaliers commandés pour être prêts à monter à cheval au premier ordre (et dont les chevaux étaient aussi au piquet) », appliqué aussi à l'infanterie (*piquet d'infanterie*, 1718), *Le Robert, dictionnaire historique de la langue française*.

15. Gouvion Saint-Cyr. En réalité, il est le général commandant en chef du 7e corps d'armée, composé des divisions Duhesme, Reille, Souham et Pino. Source : *Journal des opérations de l'armée de Catalogne 1808-1809 sous le commandement du maréchal Gouvion Saint-Cyr*, publié en 1821 par Gouvion Saint-Cyr à titre d'autojustification.

cessaient pratiquement pas. Quand un convoi était envoyé à Perpignan, il fallait chaque fois lui adjoindre une escorte d'un ou deux bataillons. Que de fois nos convois furent-ils attaqués par les brigands, l'escorte dispersée, les malades et les blessés gisant dans les charrettes massacrés sauvagement. Pendant ce temps, nous avons bien souvent souffert de faim dans notre campement en attendant l'arrivée du ravitaillement. Le siège de Gérone dura neuf mois et la ville fut bombardée sans interruption pendant cinq mois. Nous perdîmes un très grand nombre d'hommes du fait des multiples combats, de la dysenterie et de la fièvre nerveuse.

De très bonne heure le matin du 8 août, lors d'un assaut manqué sur la puissante citadelle de Montehuit [Montjuich][16], l'armée perdit plus de deux mille hommes, pour la plupart des soldats d'élite. Le brave lieutenant de Lellon, de notre régiment, fut parmi les victimes. Ce jour-là, notre compagnie était postée dans les tranchées attenant à un moulin, à droite de la chaussée de Gérone, pour couvrir le flanc droit des assaillants. Je vis, à moins de quatre-vingts pas de notre position, plus de douze grenadiers de la garde milanaise s'effondrer morts ou blessés par un seul obus explosif[17]. Le brave sergent Decüder, de Cassel, sous-officier prometteur, fut également blessé et ne tarda pas à succomber. Une balle détacha une pierre du mur du moulin et celle-ci me frappa à la joue gauche – il me reste encore une cicatrice de cette contusion. Ma santé était alors satisfaisante et je ne souffrais encore de rien. Notre sergent-major fourrier et deux sergents se trouvaient déjà à l'hôpital, ce qui alourdissait considérablement le service dans notre compagnie.

Au début de septembre 1808, environ cinq à six mille insurgés lancèrent un coup de main sur notre cantonnement. Tous ceux qui ne purent s'échapper furent massacrés par

16. Sans doute Montjuich/Montjuic, au nord-est de la ville.
17. *Kartätsche*, du français « cartouche ». Ces obus chargés de billes de plomb ou de morceaux de ferraille étaient utilisés pour des tirs rapprochés.

l'ennemi. La plupart de nos soldats étaient de piquet ou en corvée extérieure. Plusieurs de nos malades restés au cantonnement périrent brûlés dans leurs baraquements et certains furent abattus. Ce fut le sort du lieutenant Holzschuh, excellent officier d'un certain âge. Notre bataillon léger retint les assaillants le temps pour le général Pino et sa division d'arriver à notre secours et de poursuivre l'ennemi loin dans les montagnes. Par chance pour nous, la garnison de Gérone ne bougea pas ce jour-là, bien que les insurgés lui aient livré du ravitaillement.

L'ennemi nous harcelait sans cesse, de jour comme de nuit. Chaque matin et chaque soir, nos troupes étaient sous les armes. Assez souvent, des hommes qui s'éloignaient de moins d'un quart d'heure du cantonnement pour ramener du raisin étaient abattus d'une balle. C'est ainsi que je découvris, non loin du cantonnement qu'ils avaient quitté subrepticement, les corps dévêtus et poignardés de deux soldats de notre compagnie ; j'aurais bientôt risqué de subir le même sort si je n'avais pas pris assez vite la poudre d'escampette.

Début octobre 1808, les lieux de cantonnement furent permutés. Notre régiment se replia d'une heure[18] – en direction de Medinyà. Depuis quelques jours déjà je ne me sentais pas bien, la pluie tombait à verse ce jour-là et, le lendemain, comme notre bataillon s'apprêtait à partir en reconnaissance dans la montagne, je m'effondrai à la renverse. Un voile noir passa devant mes yeux, je fus pris d'une soif dévorante. Je gisais inconscient et n'entendis pas nos troupes partir. J'ai bien dû passer une heure ainsi évanoui, jusqu'à ce qu'un ami, le sergent Altenberg[19], de notre compagnie, revenant de piquet, me trouvant dans cet état, parvint à me ranimer avec du vinaigre. Revenu à moi, je le priai de me mener à Sarnà de Ter où le maréchal Augereau[20] avait établi son quartier général.

18. Il faut entendre une heure de marche.
19. Ici l'édition de 1837 se lit Altenburg, et plus loin Altenberg.
20. Il y a là une confusion de personnes ou de dates. Ce n'est qu'en avril 1809 que Gouvion Saint-Cyr est remplacé par Augereau, mais ce dernier étant souf-

L'ami Altenberg dut me porter plutôt que me guider, car la chaleur brûlante, la soif terrible et ma grande faiblesse m'empêchaient de tenir debout. Après trois heures d'effort, nous atteignîmes enfin Sarnà de Ter où mon ami dut me laisser pour mort sur le bord de la route. Revenant à moi, je me trouvai couché sur un peu de paille devant un café installé par un Français ; à ma grande joie, j'aperçus notre aide-major, le très bienveillant docteur Gegel de Cassel s'occupant de moi. Il me fit prendre de la limonade qui me ramena à la vie. Le docteur dit au sergent Altenberg de me faire transporter le jour même à l'hôpital de Figueras.

Le convoi était déjà parti depuis plusieurs heures, comble de chance pour moi, car le soir même parvint au quartier général une horrible nouvelle : le convoi avait été attaqué par l'ennemi et les quelque trois cents malades et blessés avaient été massacrés de la façon la plus horrible. C'est dans ces conditions que nous perdîmes le brave capitaine Bender de notre 2e bataillon.

Bien que je n'aie pas retrouvé tous mes esprits, je remerciai néanmoins mon Créateur de ne pas être parti avec eux. Le maréchal Augereau prit alors des mesures pour qu'un tel malheur ne puisse se reproduire si facilement. De Gérone à Perpignan, on mit en place à chaque heure des piquets de cinquante à cent hommes retranchés sur des hauteurs, le long de la route. En outre, on escorta chaque convoi d'un bataillon muni de deux obusiers, ce qui se révéla très efficace par la suite.

Ce n'est que le quatrième jour que je fus conduit en convoi à Figueras. Je dus y passer quelques jours dans une misérable infirmerie, couché sur une paillasse. J'y vis un bon ami, le sergent-major Rosenbach, de Münden, mourir sur une de ces paillasses pourries. La puanteur qui se répandait dans cet hôpital

---

frant demande à Gouvion Saint-Cyr d'assurer l'intérim, qui durera au moins jusqu'en juillet 1809. Source : *Journal des opérations...*, *op. cit.*

était horrible, car la plupart des malades, atteints de dysenterie, infectaient tout. Je dus y passer trois journées terribles avant d'être chargé avec les autres malades sur des charrettes et transporté par une nombreuse équipe. Quel aspect dégradant nous présentions pendant ce trajet ! Les cadavres nus et mutilés de nos camarades, des charrettes démolies retardaient çà et là notre caravane. Je me remémorai alors les recommandations bien intentionnées de M. Salvedoir.

Nous atteignîmes toutefois Perpignan sans autres rencontres et fûmes menés à l'hôpital général, où l'on nous changea nos vêtements. Ma maladie se transforma en fièvre nerveuse qui me laissa inconscient plus de huit jours. Face à moi était couché mon cher ami, le fourrier Höpfner, de Bremke, que je vis malheureusement emporté mort de son lit comme c'était d'ailleurs presque quotidiennement le cas pour de nombreux autres. Une propreté extraordinaire régnait dans cet hôpital. Les malades étaient traités avec ménagement par les infirmiers et les médecins. Les compatissantes infirmières, d'anciennes nonnes chassées de leurs couvents par la Révolution, faisaient preuve de la plus noble charité dans cet établissement. Je fus moi-même soigné durant ma maladie par l'une de ces religieuses qui ne quittait pas mon chevet tant que je n'avais pas absorbé ce qu'elle me faisait prendre.

Un jour, je reçus la visite d'un israélite nommé Weil, habitant à Perpignan, visite qu'il renouvela chaque jour. Après quatre semaines, lorsque je pus enfin quitter l'hôpital, l'hospitalité extrême avec laquelle me traita M. Weil fit que mes forces se rétablirent assez pour que je puisse bientôt être renvoyé à l'armée en Catalogne. Je fus placé directement sous les ordres du capitaine Klökner commandant le dépôt. Après six semaines de séjour perpignanais, je partis à pied au sein d'un fort convoi rejoindre l'armée. Le jour de notre départ, je fus saisi d'une sourde peur que j'avais du mal à cacher : bien que notre escorte fût forte, j'avais un mauvais pressentiment. Notre caravane de charrettes chargées de vivres formait une colonne d'une demi-heure. À La Jonquera, dont l'occupation était assurée par un bataillon suisse, on campa pour la nuit. Le lendemain, on s'arrêta alors que nous avions marché deux heures à peine, ce qui était inhabituel. Je faisais partie de l'arrière-garde et ne pouvais comprendre pourquoi la colonne s'était arrêtée. Un officier français qui commandait l'arrière-garde m'envoya vers l'avant avec un de ses sous-officiers. À notre grand étonnement, nous y vîmes le chirurgien en train de panser le général commandant, alors que depuis l'arrière-garde nous n'avions entendu aucun coup de feu. L'escorte se composait de trois compagnies de Français, cinquante chevau-légers italiens et environ cent convalescents de diverses nations. Nous n'avions toujours aperçu aucun ennemi, mais quand je retournai vers l'arrière-garde, quelques coups de feu se firent entendre. La moitié de la cavalerie se porta vers nous et couvrit l'arrière de la colonne. Nous nous engageâmes alors dans un passage dangereux, une gorge entourée de hauteurs où un pont de pierre surmontait un petit cours d'eau.

Sur une de ces hauteurs on distinguait déjà les bérets rouges (c'est ainsi que l'on désignait les insurgés en raison de leur coiffure). Ils occupaient l'essentiel de cette position d'où ils causaient de nombreux dommages aux convois. À un quart d'heure du pont, le général ordonna au dernier escadron de cavalerie de contourner la montagne ; nous n'étions pas encore à portée de canon du pont que l'ennemi engagea un feu soutenu contre notre avant-garde, constituée d'un autre escadron de cavaliers. On tira sans succès quelques coups d'obusier. La hauteur grouillait d'ennemis et l'on peut imaginer comment nous nous sentions en nous remémorant les horreurs qui s'étaient passées ici. Soudain on sonna l'assaut accéléré à l'avant et c'est ainsi que la tête du convoi passa le pont sous un déluge de boulets. Par chance, nous reçûmes l'aide d'une centaine d'hommes d'un piquet stationné à proximité venus à notre rencontre, ce qui explique pourquoi l'avant-garde avait si rapidement traversé le pont. À ce moment, le dernier escadron de chevau-légers parvint au galop sur la hauteur, et le premier se porta aussi à sa rencontre. Notre infanterie suivit de près et la colline fut ainsi rapidement nettoyée des ennemis, la cavalerie se distinguant particulièrement. Un trompette de cette arme mit à mort cinq insurgés. Mais nous aussi eûmes huit morts et plusieurs blessés.

Nous atteignîmes ensuite Figueras sans nouvelle mésaventure. Là, c'est dans la rue qu'il nous fallut bivouaquer pour la nuit. Puis nous finîmes par arriver au cantonnement devant Gérone. Notre compagnie ne comptait plus que le capitaine Bellmer, le lieutenant von Weber, le sergent Altenberg, deux caporaux et environ trente-sept hommes en état de servir. Le siège et le terrible bombardement se poursuivaient et nous étions quotidiennement harcelés par les insurgés. Le service était très pénible : on était de corvée, puis de piquet, puis de garde et enfin de reconnaissance en montagne. Le poste le plus dangereux était la batterie de bombardes n° 11, si près de la ville que seul le fleuve nous en séparait. Cette position était tenue en permanence par un bataillon de Westphalie. Le 8 janvier 1809, un ordre de l'armée nous informa que, le lendemain, Gérone serait prise par un assaut général. On promit aussi à la troupe un pillage de deux heures. Le moral fondit comme beurre au soleil à cette annonce terrifiante. Les soldats se mirent à se léguer leurs biens et on passa presque toute la nuit à discuter de cette entreprise, et ce jusqu'au petit matin où nous parvînt la nouvelle, d'autant plus réjouissante qu'inattendue, que Gérone avait capitulé dans la nuit. Cela mit naturellement fin à notre angoisse. Le 11 janvier 1809[21], nos troupes pénétraient dans la ville et la forteresse. Notre division westphalienne, sous les ordres du colonel Zink, se vit attribuer tous les postes.

---

21. Voir aussi la note 20, p. 23. En fait, Gérone a été prise le 11 octobre 1809. *Cf.* Gouvion Saint-Cyr, *op. cit.*

Les rues étaient partiellement dépavées mais, en revanche, parsemées de bombes et de grenades. Beaucoup de bâtiments étaient entièrement détruits, ou sérieusement endommagés par les tirs.

Les casernes dont nous prîmes possession étaient tellement infestées de parasites que nous dûmes les nettoyer à la poudre à canon. Les habitants, qui avaient beaucoup souffert du siège, se conduisaient en général de façon peu amicale ; même le beau sexe que nous traitions avec égard ne nous gratifiait d'aucun regard aimable. Après avoir beaucoup souffert des bivouacs continuels, de la chaleur le jour et du froid sensible la nuit en montagne, nous jouissions maintenant d'un hébergement plus agréable en caserne. Toutefois, en raison des nombreux postes à tenir, notre service se trouvait plus chargé. Nous devions aussi nous préoccuper en permanence de notre sécurité puisque nous ne pouvions nous fier aux curés de Gérone qui avaient tramé une conjuration, heureusement déjouée. On en arrêta un grand nombre et on les enferma dans une église. Deux obusiers chargés, placés face au portail, en assurèrent la garde. Il y eut aussi d'assez fréquentes exécutions d'insurgés prisonniers, mais cela ne les décourageait pas. L'anecdote suivante montre peut-être à quel point ces gens étaient indifférents à la mort. Alors qu'on emmenait un insurgé à l'exécution, le caporal Gieseke qui montait la garde à la porte sous mes ordres lui demanda : « Où vas-tu comme ça ? » L'autre lui répondit froidement : « Me faire pendre. »

Je ne citerai parmi les curiosités de Gérone que la grande église cathédrale où le patron de la Catalogne, saint Narcisse, était gardé par deux prêtres en habit sacerdotal noir, couverts d'une coiffure rabattue des deux côtés. Le saint reposait dans une chapelle séparée, carrée, de huit à dix pieds de côté, tapissée de velours rouge, et dont les murs étaient constellés de toutes sortes d'objets (reliques[22])

22. Sans doute des ex-voto.

d'argent et d'or, sertis de brillants en forme d'étoiles, de croix, de cœurs, etc. Sur un lit reposait ce corps de taille humaine, tout noirci et décomposé, enveloppé dans un habit somptueux, orné de toutes parts. Les doigts étaient couverts de bagues étincelantes de diamants. Personne n'était admis dans la chapelle même.

Quelques jours plus tard, on apprit que le maréchal Augereau avait fait déménager le saint et l'avait fait transporter à Paris avec sa *décoration*.

Comme les paysans espagnols ne livraient que fort peu de vivres à la ville, tout était très cher. Aussi les soldats cherchaient-ils à se procurer de l'argent de diverses manières. C'est ainsi qu'un jour où j'étais de service à Port Secur avec un caporal et neuf hommes, le caporal arriva au corps de garde pour annoncer que l'évêque de Gérone remontait la rue. Si je voulais bien faire sortir les soldats, le vieux nous récompenserait sûrement pour cette marque d'honneur. La sentinelle, dûment informée, nous appela alors pour présenter les armes. Un grand homme maigre en manteau sacerdotal blanc, la coiffure rabattue, une longue canne de jonc à pommeau d'or à la main, suivi d'un domestique, s'approcha de la garde à qui je fis rendre les honneurs comme à un officier d'état-major. Il découvrit sa tête chenue, remercia et me demanda de quel pays nous venions, ce que j'essayai de lui faire comprendre de mon mieux. « Pauvres gens, je vous plains », nous dit-il, et ce disant, il se fit remettre par son domestique trois douros espagnols, environ dix francs et demi, qu'il donna à la garde, et dont nous avons fait bon usage.

À ce sujet je subis cependant quelques jours plus tard une sévère réprimande de notre colonel.

En avril, je tombai malade. C'était une fièvre froide qui m'affaiblissait au point que mes pieds pouvaient à peine me porter et pourtant je devais assurer l'administration de la compagnie.

Nous couchions sur un sol de plâtre très dur, avec pour toutes couvertures nos *chenilles*[23] élimées. Ce mal me tortura pendant six bonnes semaines, au point que j'étais devenu squelettique et tout à fait pitoyable.

Notre régiment fut alors transféré à Banjola [Banyoles], un village au pied d'une colline où était érigé un monastère. L'endroit, fortifié par nos troupes, était entouré de forêts et de montagnes. Néanmoins, nous étions inquiétés jour et nuit par des insurgés qui nous causaient bien des dommages.

C'est ainsi qu'un jour, à Gérone où j'étais resté à cause de ma maladie, je vis arriver, dans tous ses états et sans son harnachement, le fourrier Hedderich, qui m'apprit une triste nouvelle : le détachement auquel il appartenait avait été attaqué en forêt par les insurgés et lui seul en avait réchappé. Parmi les malheureuses victimes se trouvaient aussi, à ma grande tristesse, mon ami le sergent Altenberg et le sous-lieutenant von Tallard. Quotidiennement affaiblies par ces considérables et continuelles pertes en hommes, nos troupes furent relevées à Banyoles par un bataillon français et envoyées à Rosas[24], un fort proche de la Méditerranée. J'y arrivai à mon tour quinze jours plus tard, mon état s'étant suffisamment amélioré. L'armée de Westphalie, forte de dix bataillons à son arrivée en Catalogne – sans compter les recrues envoyées par la suite –, était désormais si affaiblie qu'on la réorganisa ici en trois bataillons. Le capitaine Probst, fourrier à l'époque, qui est aujourd'hui encore au service de Hanovre, administrait une compagnie d'à peine trente hommes. Les officiers et sous-officiers en surnombre prirent le chemin du retour vers la Westphalie. Le séjour en ce lieu nous semblait déplaisant, à nous qui restions sur place : la vermine nous

23. On ne voit pas à quoi pourrait correspondre ce terme, en français dans l'original. La seule hypothèse est qu'il s'agit d'une déformation de « guenilles ».
24. Le port de Rosas était défendu contre les débarquements anglais, la campagne de Catalogne ayant alors comme but principal de défendre la garnison française assiégée à Barcelone.

torturait et nous savions à peine comment nous en débarrasser ; l'air marin rendait beaucoup de gens malades, mais la proximité de la mer nous semblait néanmoins agréable : nous y apercevions souvent de grands navires de guerre et, à marée basse, nous ramassions avec joie des coquillages sur la plage. Un jour, nous avons même assisté à la capture d'un requin par les Espagnols.

Retour à Cassel

Six mois plus tard, les trois bataillons furent fusionnés en un seul. Il y avait de nouveau des officiers et sous-officiers surnuméraires dont les plus anciens devaient retourner en Westphalie. Pendant deux ans déjà, j'avais subi ici divers ennuis, surmonté divers dangers et souffert de plusieurs maladies et j'aspirais à m'éloigner de ce pays maudit. Le capitaine Breil s'employait à en faire passer un autre avant moi, le sergent-major Mäkel, mais n'y réussit cependant pas et le lieutenant-colonel von Winkel me promit que je ferai partie du rapatriement.

Le matin de notre départ, on rassembla toute la troupe et le lieutenant-colonel von Winkel, notre chef de bataillon à Rosas, prononça une allocution touchante, tant à la troupe qui restait qu'à celle qui partait ; à la première, il promit qu'elle aussi rentrerait bientôt au pays. Mon cœur battait de joie à l'idée de revoir bientôt la patrie bien-aimée. Sous les ordres du colonel von Bosse du 2e de ligne westphalien, nous – quatre-vingts à quatre-vingt-dix officiers et sous-officiers et quelques soldats – entamâmes la marche vers Perpignan *via* Figueras.

Nous nous estimions tous heureux d'avoir quitté un pays où nous risquions chaque jour de tomber aux mains des cruels Espagnols, qui avaient ignoblement massacré plus d'un de nos braves soldats.

À Perpignan, on remplaça nos vêtements en lambeaux par des effets en meilleur état. Là, j'eus la joie de revoir M. Weil, et aussi à Nîmes M. Salvedoir. Je pris congé des deux à tout jamais. Après une très agréable marche à travers la Provence, etc., nous arrivâmes à Mayence. De là, nous escortâmes un convoi de fonds de quatorze véhicules destiné à Magdebourg. Nous atteignîmes enfin Cassel par Giessen et Marburg. C'était le samedi de Pâques, toute une foule déferla de la ville et nous offrit un accueil chaleureux. Mais le spectacle de tous ces parents qui cherchaient leurs enfants et de ces sœurs qui demandaient après leurs frères et devaient s'entendre dire que la plupart d'entre eux n'étaient plus en vie était bien triste à voir et à entendre.

On nous logea chez l'habitant, mais je n'eus pas besoin d'être à la charge de mon hôte, car j'avais nombre de bons amis qui se firent une joie de m'héberger. Nous étions donc en garnison à Cassel et j'obtins une courte permission pour aller voir ma famille. Grande fut la joie de mon vieux père de revoir son Joseph[25] qu'il croyait mort.

Nous avons passé la période suivante en manœuvres et exercices à Cassel. Un jour, à Hohenkirchen, à deux heures de Cassel, où nous étions cantonnés, chaque corps d'armée reçut l'ordre de former dans chaque régiment d'infanterie une compagnie d'artillerie comportant deux pièces d'artillerie légère, la poudre nécessaire et les véhicules correspondants. Le personnel en fut prélevé dans les deux compagnies de grenadiers. Le brave lieutenant-colonel von Lepel me procura le poste de maréchal des logis[26] dans l'une de ces compagnies d'artillerie, cependant que les places de sergent-major, sur lesquelles je comptais, avaient déjà été toutes attribuées.

25. Référence à la Bible (Gen. 45, 30) lorsque Jacob retrouve son fils Joseph.
26. Jakob Meyer passe des troupes à pied où il est sergent (*Feldwebel*, mais Jakob écrit *Sergeant*) aux troupes montées où ce grade se nomme maréchal des logis (*Wachtmeister*).

Notre commandant de compagnie était le lieutenant Döleke, qui avait aussi fait l'Espagne et que j'avais eu auparavant comme sergent-major. Le sous-lieutenant s'appelait Mäkel. C'étaient deux très bons officiers. Notre sergent-major s'appelait Werner. Au bout de quelques jours, toutes les compagnies d'artillerie quittèrent le cantonnement pour Cassel, où une nouvelle carrière s'ouvrit à nous. On nous infligeait quotidiennement des exercices d'équitation, de conduite et de tir au canon. Comme nous n'avions pas encore de chevaux de *remonte*, l'artillerie stationnée à Cassel devait provisoirement mettre ses chevaux à disposition à cet effet. J'avais été à plusieurs reprises désarçonné dans les allures rapides, mais je n'en étais devenu que plus intrépide et maîtrisai rapidement l'équitation et les manœuvres. J'en suis très redevable à mes deux *instructeurs*, deux respectables officiers, le capitaine Lorenz et le capitaine Baumann, de même qu'au lieutenant Köhler, de l'artillerie régimentaire. Quand nos chevaux de *remonte* furent arrivés, notre première tâche fut de les dresser. Jamais je n'avais eu de service aussi lourd, et il n'était pas question de prendre du repos.

C'est à cette époque que je fis la connaissance de celle qui est aujourd'hui mon épouse et qui habitait alors en face de la caserne. Élise avait 18 ans environ, elle avait un visage agréable, était bien faite de sa personne et toujours vêtue joliment et avec goût. Je la voyais tous les jours et fus bientôt si amoureux d'elle que je brûlais du désir qu'elle soit à moi. Je la voyais souvent et la saluais amicalement, mais n'avais pas l'occasion de lui parler seul à seule longtemps, car elle vivait très isolée chez ses maîtres, qui l'aimaient beaucoup. Je m'enhardis enfin à lui faire parvenir une lettre qui exprimait tout mon désir, tous mes espoirs et mes souhaits. Sa réponse fit de moi le plus heureux des hommes. C'est ainsi que s'engagèrent entre nous une correspondance secrète et une relation tendre et profonde, car rares étaient les occasions de me trouver seul avec elle. Lorsque, bien trop tôt à notre gré, nous avons dû nous quitter, je reçus d'elle l'assurance que, si profond que soit l'abîme qui nous séparait, elle saurait le franchir et n'en aimerait jamais un autre que moi. Elle a fidèlement tenu parole.

1810-1812 : de Cassel à Moscou

Notre 3e régiment d'infanterie quitta alors Cassel pour Brunswick, où notre artillerie nous rejoignit quelques semaines plus tard. Nous nous arrêtâmes à Göttingen, où je vis mes frères et de bons amis et pris congé d'eux avec tristesse. Peut-être sentions-nous déjà le rude vent glacial de la Russie.

Nous passâmes trois semaines à Brunswick, puis continuâmes notre marche par Halberstadt pour arriver près de Cöthen, où nous restâmes un certain temps en cantonnement. Nous eûmes bientôt la certitude que nous allions partir pour la Russie. De Werbzig, où notre compagnie avait cantonné, nous passâmes la Saale près de Halle et traversâmes l'Elbe en bateau près de Dessau. Après avoir franchi le territoire de la Prusse sur une courte distance, nous atteignîmes Glogau [Glogow], où nous vîmes pour la première fois le grand et gros général Vandamme. Notre itinéraire nous mena par Frauenstadt[27], Lisa [Lissa] et Kalisch [Kalisz] à Varsovie. Dans cette Pologne crasseuse, nous eûmes un avant-goût des souffrances et du sort qui nous attendaient. Pour toute l'armée ce fut une chance d'y rencontrer de nombreux Juifs qui furent nos interprètes, commissionnaires et fournisseurs. À quatre heures de Varsovie, notre infanterie, à l'exception des gardes, était logée dans un camp près de Widawa. Une nuit, le général Vandamme arriva de manière impromptue pour une inspection et s'aperçut que plusieurs colonels ne logeaient pas dans leurs régiments, mais dans des maisons à proximité du camp. Mal leur en prit...

---

27. Lieu-dit proche de Poniec/Punitz.

Enfin, après avoir campé là un certain temps, nous partîmes pour un bivouac au-delà de Tikotschin [Tykocin[28]]. Là, on nous lut un ordre du jour de l'armée qui nous apprit la déclaration de guerre et le général Vandamme ne manqua pas d'adresser un vigoureux discours à notre corps d'armée.

Le rideau de la tragédie s'était levé.

De Tykocin nous gagnâmes Gorau sur la Vistule, où nous cantonnâmes aussi brièvement. Au-delà de la ville, un pont de bateaux fut jeté sur le fleuve, protégé par une solide tête de pont. Aux environs de Gorau [Gorowo], nous avons exécuté une grande manœuvre pour le général Vandamme, à laquelle le roi de Westphalie n'assista pas : on disait qu'il s'était brouillé avec Vandamme.

Un jour, alors que je m'apprêtais à aller chercher du ravitaillement en ville, je rencontrai au milieu du pont cette énorme chose qu'était le général Vandamme. Il me saisit par le bras de sa main de géant et m'ordonna de descendre immédiatement sur la berge et d'interdire aux soldats de faire des promenades en barque sur le fleuve. Il resta sur le pont jusqu'à ce que j'aie exécuté son ordre. Je ne l'ai plus revu par la suite et il se disait partout que Napoléon l'avait renvoyé.

Nos corps d'armée se mirent en marche et parvinrent à Bialystok. Là, après une brève session de la cour martiale, un artilleur de Westphalie fut fusillé pour avoir dérobé une chemise à son hôte. Près de Grodno, où nous entrâmes, sauf la garde, quelques jours plus tard, nos troupes restèrent cantonnées trois jours. C'est dans cette ville, où se trouvait le quartier général, que je vis pour la dernière fois notre roi d'alors. On nous envoya par la suite le maréchal Junot comme général en chef et notre armée prit à cette occasion le nom de 8e corps. Le duc d'Abrantès paraissait plus humain que le fruste Vandamme.

---

28. Graphie polonaise.

Les vivres commençaient déjà à se faire plus rares.

L'armée poursuivit sa route vers Oszmianna [Ochmiany]. Dans cette région, notre nouveau maréchal nous passa en revue. Les généraux de division étaient le général von Ochs et le général français Tareau[29]. Notre 8e corps formait l'aile droite de la Grande Armée. Après quelques étapes, nous atteignîmes Orza [Orcha] par Smorgony et nous y restâmes cantonnés quelque temps. Ces marches quotidiennes épuisantes, qui affaiblissaient les hommes et les chevaux du fait de la chaleur et du sable où l'on s'enfonçait, firent déjà de nombreux malades et nous perdîmes aussi beaucoup de chevaux. Un très gros orage, pendant lequel notre colonne continua d'avancer imperturbablement, rafraîchit certes l'air pour plusieurs jours, mais provoqua aussi la perte de nombreux chevaux.

Début août, nous quittâmes le camp près d'Orcha et partîmes pour Dombrowna [Doubrovna] puis, après des marches très astreignantes et induits en erreur par un guide le dernier jour, nous atteignîmes Smolensk tard dans la soirée du 17 août.

Notre armée s'établit à droite de la ville, d'où s'échappaient ici et là des nuages de fumée, bientôt suivis de flammes de plus en plus claires. Au bout d'une heure, la ville entière semblait n'être plus qu'un océan de feu, d'où s'échappait de temps en temps une flamme haute comme une tour, comme si elle voulait atteindre le ciel. C'était un spectacle d'une beauté terrifiante, qui emplissait d'horreur chacun d'entre nous et dont on ne pouvait pourtant pas détourner les yeux. Il faisait si clair dans notre cantonnement que l'on pouvait distinguer le moindre petit objet. Le crépitement des tirs de fusils se fit entendre toute la nuit.

Un peu plus tard, le 19, alors que les Français s'étaient rendus maîtres de Smolensk, un combat s'engagea au-delà de la

29. Il s'agit en fait du général Jean-Victor Tharreau (1767-1812).

ville, et notre corps d'armée eut à combattre seul contre un corps d'armée russe commandé par le prince Bagration. Les deux armées étaient séparées par une vallée marécageuse couverte de taillis d'aulnes. Toute notre artillerie était en action ; elle réduisit bientôt celle des Russes au silence. Les chasseurs ennemis dévalèrent la colline au pas de charge, mais furent bien vite repoussés. Vers le soir, les ennemis battirent en retraite. Des deux côtés beaucoup d'hommes y restèrent ; nos chasseurs carabiniers avaient particulièrement souffert et déploraient la perte de leur brave chef de bataillon, le lieutenant-colonel von Hesberg. Le même soir, nous passâmes le Dniepr sur un nouveau pont de bois et, le lendemain, nous restâmes dans notre cantonnement. La Grande Armée française campait à deux heures de la nôtre. En compagnie de notre colonel Bernard j'eus l'occasion d'aller voir le camp français. En route, nous vîmes un endroit où gisaient de nombreux morts russes et des blessés graves qui poussaient des cris de détresse à fendre le cœur. La quantité énorme de troupes massées dans ce camp immense me procura un spectacle digne d'étonnement. Les canonniers français me nourrirent copieusement. Mon colonel, qui dans le camp avait rencontré son frère, tout content, prit la route du retour avec moi au bout de deux heures, ne cessant de chanter et exigeant que j'en fasse autant. Mais je pensais en moi-même : quand j'aurai laissé la Pologne derrière moi et atteint l'Allemagne, là alors je chanterai, assez fort pour que le grand Christophe sur la Wilhelmshöhe[30] l'entende.

En fin de journée, nous rejoignîmes notre bivouac au grand galop. Comme nous marchions désormais avec la Grande Armée, les vivres étaient devenus encore plus rares. Mais, de temps à autre, nous parvenions à nous en procurer à l'écart de la route, dans des domaines nobles où, avouons-le, nous en venions

30. Il s'agit de la grande statue d'Hercule érigée sur la Wilhelmshöhe qui domine Cassel.

souvent à des conflits sanglants avec d'autres fourrageurs[31]. Nous marchions désormais tous les jours et en avions tellement assez que nous aspirions tous à une bataille décisive, les hommes et les chevaux étant arrivés à bout de force. Le 30 août, nous arrivâmes à Wiazma [Viazma] où notre corps d'armée bivouaqua quelques jours, à droite de la route en sortant de la ville. Les chevaux d'artillerie qui nous restaient s'affaiblissaient de jour en jour. Nous avons pu à plusieurs reprises en chaparder quelques-uns dans des domaines nobles. L'armée française se mit en marche et deux jours de suite nous l'avons vue passer devant notre camp en un défilé ininterrompu. La quantité énorme de cavalerie de toutes armes était admirable. Chaque régiment d'infanterie avait sa propre artillerie, sans compter les autres corps d'artillerie. Qui aurait cru qu'une armée aussi immense pourrait aller à sa perte !

Le 5 septembre, notre armée reçut l'ordre de départ ; nous arrivâmes le 6 très tard dans la soirée sur le champ de bataille avant Mosaisk [Mojaïsk]. Déjà, au cours de notre marche du 5 au 6, nous avions rencontré une foule de blessés qui avaient affronté l'ennemi.

Le soir à 9 heures, j'allai encore abreuver nos chevaux qui avaient été très éprouvés. Un régiment de cuirassiers français nous indiqua l'abreuvoir dans lequel nous trouvâmes une eau profonde et boueuse, où nous avons bien failli nous embourber.

Tandis que nous faisions face à l'armée ennemie, de grands événements semblaient s'annoncer. Les deux camps se préparaient à entamer une grande bataille.

Le 7 septembre, jour à jamais mémorable, qui devait se solder par des milliers de victimes, commença clair et lumineux. Le silence régnait dans le camp, seulement interrompu de temps

---

31. « Fourrage », « fourrager », « fourrageur », « chercher du fourrage pour les chevaux », est entendu plus largement et couvre l'ensemble du ravitaillement des hommes et des bêtes. Ces termes sont passés dans le vocabulaire allemand sous la forme *Fourrage, fourragieren, Fourragierer.*

à autre par les appels des sentinelles. C'est environ une heure avant le jour que le lieutenant Döleke vint me trouver et m'ordonna d'aller rechercher un fourgon de poudre : la veille, ses chevaux s'étaient complètement épuisés et il n'était pas encore arrivé. Il précisa que dès que j'entendrais gronder le canon, je devrais faire immédiatement demi-tour.

Je n'étais pas en route depuis une demi-heure que les premiers rayons du soleil perçaient et une belle journée semblait s'annoncer. Elle ne le fut pas pour nous.

Le tonnerre des canons me rappela à mon devoir de regagner mon corps en toute hâte. À mon arrivée, j'y trouvai nos hommes occupés à revêtir leurs beaux uniformes de parade. Napoléon avait pour principe que, lors d'une bataille, les troupes devaient paraître devant l'ennemi dans cet uniforme : un jour de combat était considéré comme une cérémonie solennelle.

Immédiatement, j'enfilai moi aussi mon bel uniforme et fis mon rapport à mon commandant de batterie. La canonnade avait déjà commencé sur toute la ligne et de bon matin l'eau-de-vie avait été distribuée aux troupes. Ma propre eau-de-vie, que je m'étais distillée auparavant et que j'avais conservée, je la donnai à nos officiers et sous-officiers, ce qui nous mit, nous et nos artilleurs, d'humeur joyeuse.

Nous étions postés à l'arrière du centre de l'armée. L'ennemi avait établi des redoutes sur toutes les hauteurs qu'il occupait et la puissante canonnade semblait les envelopper continuellement de fumée.

Les boulets de canon ennemis étaient tout neufs et semblaient avoir été polis. Vers 8 heures du matin, notre corps d'armée – à l'exception de la cavalerie – reçut l'ordre de faire mouvement vers la droite pour se joindre à l'aile droite de la Grande Armée. Notre régiment dut donc franchir avec son artillerie un petit bois, sur lequel les boulets tombaient dru comme si on les semait, emportant nombre de nos camarades. Au cours de cette contremarche, où je chevauchais juste devant le premier fourgon de poudre, une grenade ennemie atteignit le caisson de poudre, qui vola en l'air avec cent vingt cartouches[32] dans une explosion épouvantable. Chevaux et artilleurs furent pour la plupart brûlés. Le fourrier et deux canonniers périrent de leurs blessures à l'hôpital. Grâce à mon cheval, qui fit un écart de côté, je m'en tirai avec la perte de mon *chacot*[33] et une petite contusion à la main gauche. Notre compagnie se débanda et il fallut presque une demi-heure pour qu'elle se rassemble à nouveau. Nous poursuivions maintenant notre marche sous une canonnade ininterrompue et une grêle de petits boulets, avant de rejoindre enfin une batterie polonaise sur l'aile droite de la Grande Armée. Plus de mille canons étaient continuellement en action. Il nous semblait que le sol tremblait sous nos pieds et la canonnade était si épouvantable qu'on ne percevait même pas le tir des fusils. De cette position, où le colonel Roel du 6e régiment de ligne de Westphalie vint nous rejoindre avec ses compagnies de voltigeurs, nous étions bien placés pour observer la position de l'armée ennemie : installée sur les hauteurs garnies de nombreux retranchements, elle en déversait un feu d'artillerie continuel. Une énorme masse d'infanterie se tenait sur la pente, se déplaçant comme si c'étaient des nuages noirs. J'en ressentis bientôt une impression de malaise. En raison du désordre qui régnait près de notre batterie, nous avions été séparés du régiment. Le lieutenant Döleke m'envoya aussitôt à sa recherche. J'entrepris cette mission à contrecœur, devant retraverser le même petit bois où les balles tombaient comme de la grêle et où gisaient déjà nombre de nos morts et de nos blessés. J'y rencontrai notre 6e régiment d'infanterie, positionné en front oblique et j'appris du sous-adjudant Grünthal où se trouvait notre régiment qui se préparait justement

32. *Cartuschen* dans le texte original. Voir à ce sujet Kartätschen, note de bas de page 17, p. 22.
33. Orthographié ainsi dans le texte original. Il s'agit en fait d'un shako, dont Jakob Meyer a dû reconstituer l'orthographe phonétiquement en la francisant.

à l'attaque. L'adjudant-major Pauke[34] vint à ma rencontre et m'ordonna de transmettre au lieutenant Döleke l'ordre de ne pas abandonner notre position. Ayant surmonté ma peur et le danger, je rejoignis notre batterie. Par cette journée torride, une soif terrible me tourmentait. J'obtins du lieutenant la permission de m'éloigner d'une centaine de pas et trouvai pour étancher ma soif une eau bourbeuse et nauséabonde. Là, je rencontrai un cuirassier russe qui avait eu une jambe arrachée par un boulet. Un cruchon de grès pendait à sa ceinture. Croyant qu'il était plein d'eau, je descendis de cheval, mais m'étant aperçu qu'il était en partie rempli d'eau-de-vie, je le lui rendis. Nous fîmes transporter le Russe par nos artilleurs à un endroit plus confortable et tranquille, près d'un buisson, tandis qu'il criait horriblement.

Une batterie polonaise qui se trouvait près de nous se mit à tirer sur une hauteur qui semblait occupée par un quartier général ennemi, ce qui nettoya l'endroit.

Nous pouvions suivre en détail les mouvements des Russes. Une masse d'infanterie ennemie se tenait là immobile, jusqu'au moment où une terrible canonnade s'abattit sur elle, et nous avons alors observé l'agitation qui s'ensuivit. Le capitaine polonais discutait avec notre lieutenant et lui indiquait constamment cet endroit ; soudain une grosse masse formée de plusieurs régiments de cavalerie française se dirigea au trot vers ce monticule, entraînant le retrait rapide de l'infanterie ennemie. La garde française se tenait à droite, dans un petit bois à cinq cents pas à peine en arrière de nous, et resta toute la journée à l'écart du combat. Vers 3 heures de l'après-midi, le bain de sang prit fin. La canonnade continuait mais allait en diminuant, ce qui nous rendait certains de notre victoire. Dès l'après-midi, l'armée ennemie commença sa retraite. Je ne songeais ni à manger ni à boire, je remerciai plutôt mon Créateur de m'en être si bien tiré.

---

34. M. Hemmann pense qu'il s'agit du capitaine von Papet, dont le journal de campagne a subsisté.

Nous passâmes la nuit sur le champ de bataille. Tôt le lendemain matin, on fourragea d'abord pour les chevaux, puis on m'envoya sur le champ de bataille récupérer des cordages pour notre batterie, car nous en manquions. C'était un spectacle épouvantable qu'offrait ce champ de bataille, parsemé d'hommes et d'animaux morts ou encore vivants, blessés ou agonisants ! La puanteur des cadavres ainsi que les gémissements et les plaintes des blessés étaient affreux. Un régiment de grenadiers de la garde ennemie, coiffés de bonnets pointus, avait dû terriblement souffrir ici. On pouvait voir très précisément où il s'était tenu, car plus de deux cent cinquante morts gisaient là, parmi lesquels treize tambours entassés l'un sur l'autre. Une batterie ennemie installée un peu plus loin sur un monticule derrière quelques maisons avait été rasée ainsi que les bâtiments, si terrible avait été l'action d'une batterie française.

Alors que je m'apprêtais à quitter le champ de bataille avec mes hommes, l'un de nos médecins venant à notre rencontre me demanda si je ne voulais pas voir Napoléon, qui arrivait à cheval avec son entourage sur le champ de bataille. Je fis demi-tour et aperçus alors à moins de cent pas ce grand homme en redingote grise, entouré d'un important état-major.

Au pied d'un bosquet gisaient quelques Russes blessés qui poussaient des cris pitoyables. L'Empereur envoya auprès d'eux un officier des uhlans polonais de son entourage qui s'entretint avec ces malheureux. Je n'ai pu saisir rien d'autre que le mot « hôpital », ce qui les tranquillisa ; peu après on les transporta à l'hôpital de Borodino.

Notre armée suivit celle des Français jusqu'à Mojaïsk où notre 8e corps d'armée, totalement isolé, occupa la ville que tous ses habitants avaient désertée et dont l'hôpital qui y avait été installé regorgeait de blessés. Notre armée avait elle aussi beaucoup souffert. Le général Damas, le colonel von Hesberg et de nombreux officiers avaient péri, le général Tareau[35] avait été grièvement blessé. Quelques jours après notre entrée à Mojaïsk, notre régiment, un bataillon léger et une batterie à pied furent désignés pour transporter le trésor de l'Empereur à Moscou. Ce convoi comportait douze mulets chargés, sans leurs chariots. Lorsque nous arrivâmes à ses portes, la grande ville de Moscou était déjà presque entièrement réduite en cendres. Après avoir tout livré, nous restâmes quelques jours devant la ville. Hormis du pain et de l'avoine pour nos chevaux qui faisaient défaut, nous ne manquions de rien : nous avions du café, du sucre et du rhum.

Peu après notre retour de Moscou, on envoya tous les chevaux d'artillerie de notre corps, ainsi que les militaires du train, vers un grand cloître, à neuf heures de Mojaïsk sur la route de Moscou, y prendre livraison d'un important parc d'artillerie consistant en fourgons de poudre. Le cloître était occupé par un bataillon d'Italiens. Nous étions à peine revenus à Mojaïsk que cette énorme quantité de poudre partit en flammes et le faubourg avec. Le premier bataillon de notre 6e régiment de ligne fut alors fait prisonnier à Werga [Véréïa], bourg situé à six heures à droite de Mojaïsk ; une brigade dépêchée de Mojaïsk à son secours arriva trop tard et revint bredouille. De là, jour après jour, des corvées de fourrage étaient envoyées sous forte escorte dans toutes les directions, bien que nous fussions bien souvent pourchassés par les cosaques, aidés par les paysans. Au cours d'une de ces expéditions, j'ai trouvé dans un château de la noblesse, à l'intérieur d'un grand poêle de faïence qui occupait une pièce du sol au plafond, quelques livres, surtout français, élégamment reliés, et quelques petites boîtes de thé impérial ; j'emportai le tout en guise de butin providentiel.

35. Jean-Victor Tharreau décédera de ses blessures.

Nos troupes s'étaient déjà préparées pour l'hiver. On allait chercher, pour les mettre au sec, des gerbes de blé et du foin dans les propriétés nobiliaires. Nos artilleurs s'affairaient quotidiennement à manier le fléau et à couper la paille. Chaque compagnie d'artillerie s'était déjà constitué ainsi une réserve.

Retraite de Russie

Le 23 ou le 24 octobre, nous entendîmes une intense canonnade du côté sud de Mojaïsk et, quelques jours plus tard, nous parvenait déjà la nouvelle qu'une bataille avait eu lieu. Le 28 octobre, une brigade bavaroise montée fit soudain irruption dans Mojaïsk. Elle venait de Véréïa et formait l'avant-garde. Mon lieutenant s'était momentanément absenté lorsque le général des Bavarois demanda à voir notre officier. Il commanda de faire sortir immédiatement nos chevaux des écuries. Complètement affolé, je partis en courant et rencontrai en chemin notre lieutenant Döleke. Quand nous arrivâmes à nos écuries, les cavaliers bavarois s'occupaient déjà de faire sortir nos chevaux et nous ne parvînmes pas davantage à les en empêcher. Moins d'une heure après, nous reçûmes nous aussi l'ordre de nous mettre en marche ; c'est ainsi que débuta la retraite. Notre corps d'armée bivouaqua quelques heures devant Mojaïsk. Le séjour dans ce *bivouac* me fut agréable car j'y retrouvai un ami très cher du nom de Sam. Hahlo[36], de Münden ; malheureusement, je n'ai jamais su ce qu'il est devenu par la suite.

---

36. Samuel Hahlo a laissé une collection de dessins faits pendant la campagne de Russie, que les recherches de T. Hemmann ont permis de lui attribuer. L'illustration de couverture en est extraite. Comme S. Hahlo a dû périr au cours de la retraite de Russie, on suppose qu'il les avait confiés à un camarade. Jakob Meyer fournit ici le dernier signe de vie de son ami Samuel.

Le jour même, l'empereur Napoléon était arrivé à Mojaïsk. Ce soir-là, je m'étais saisi d'un beau cheval entièrement harnaché et sellé du 28e régiment français de dragons. Dans ses fontes, j'avais trouvé d'assez belles marchandises provenant de la grande foire de Moscou. Le 29, nous passâmes le grand champ de bataille de Borodino. Il offrait encore un aspect effroyable, car beaucoup d'hommes et de chevaux, morts et pas encore enterrés, dégageaient une puanteur épouvantable. Le lendemain, nous atteignîmes Oschat [Gjatsk] et arrivâmes le 31 à Viazma. Les quelques murs restés debout d'une vaste grange, en partie encore couverte de son toit, nous servirent ainsi qu'à nos chevaux de refuge pour la nuit. Le lendemain de bonne heure, les colonnes se remirent en route. La route longeait de grandes et tristes forêts de sapins ; de toute part on tombait déjà sur des traînards qui imaginaient se raccrocher à un corps qui suivrait et grappiller ainsi quelques jours de repos. Ils se trompaient, ils trouvèrent bien le repos, mais ce fut celui de la mort.

Durant la nuit, il avait gelé très fort. Les chevaux mal ferrés et épuisés n'arrivèrent pas à faire gravir une pente verglacée à l'un de nos fourgons de poudre, ce qui retarda quelque peu une colonne de la garde française. Le vieux maréchal Bésieux[37] qui commandait ce corps s'approcha de nous et m'ordonna de faire avancer le *caisson*. J'enfourchai l'un des chevaux sellés, mais il me fut strictement impossible de mettre l'attelage en mouvement. C'est pourquoi je le priai d'ordonner à ses soldats de nous aider à pousser le chariot de munitions. Le maréchal se rua aussitôt sur moi, sabre au clair, en me menaçant ; j'éperonnai alors mon cheval et pris la poudre d'escampette pour rejoindre la batterie une heure plus tard. Le soir, arrivé au bivouac, on me donna encore l'ordre d'aller fourrager avec quelques hommes ; il faisait très sombre, je n'avais pas encore fait plus d'une heure de route que j'aperçus au loin quelques feux de camp. Nous nous y

37. Sans aucun doute Bessières, commandant la garde impériale.

dirigeâmes à cheval et vîmes que nous approchions d'un village ; de loin, on nous interpellait déjà en français et nous trouvâmes là un fort piquet de notre 4e de ligne. Je demandai à l'officier qui commandait de nous laisser fourrager ici ; il nous autorisa à prendre tout le chaume des toits en nous assurant que nous ne trouverions vraiment rien d'autre et qu'il n'était pas autorisé à nous laisser aller plus loin. Il nous fallut nous contenter de cette paille déjà à moitié pourrie, et nos chevaux la mangèrent avec un certain appétit. Au retour, je trouvai nos gens rassemblés autour d'un feu qui rougeoyait gentiment, protégés du vent à la pointe d'un bois. Je me mêlai à eux, me réjouissant déjà de la chaleur et du calme à venir, lorsqu'un détachement des chasseurs de la garde[38] arriva au galop. Il nous ordonna de nous éloigner du feu sur le champ, l'Empereur voulant s'y reposer quelques instants.

On chassa brutalement nos gens du feu et l'on forma un grand cercle autour. Je restai seul à quelque distance pour attendre l'arrivée de Napoléon : il arriva avec quelques officiers supérieurs des chasseurs de la garde. Quelques instants plus tard, il descendit de cheval et se posta, bras croisés sous les aisselles, près du feu. Sur son visage calme et froid comme le marbre ne se lisaient ni souci ni dépit. Un maréchal-ferrant des chasseurs de la garde se précipita vers moi qui étais plongé dans la contemplation du grand homme et m'ordonna d'un ton rogue de m'éloigner de l'Empereur.

Je lui répliquai qu'il n'avait rien à m'ordonner, à moi qui étais *maréchal des logis*[39] d'artillerie, qui appartenais comme lui à l'armée et qui étais comme lui chargé de la protection de l'Empereur. Il devint de plus en plus violent, me menaça de son sabre que je lui enjoignis tranquillement de rengainer. Je lui conseillai de faire du bon travail dans sa forge plutôt que tout ce

38. « Garde-chausseur » dans le texte original.
39. « Marschall de logis » dans le texte original.

tapage ici. Le ton de notre dispute était monté, il avait attiré l'attention de l'entourage proche de Napoléon. Un officier s'approcha de nous pour s'enquérir du motif et arranger les choses. Là-dessus, il en référa à l'Empereur ; je vis alors que celui-ci se tournait vers nous et qu'un fin sourire se formait sur son visage. Je restai là. Au bout d'une heure, l'Empereur s'éloigna avec sa garde et je repris la place qu'il avait occupée. Peu à peu mes camarades se rassemblèrent de nouveau.

Le 5 novembre, il nous fallut quitter en pleine obscurité le bivouac où nous avions passé une nuit perturbée par le froid et la faim. Le convoi avançait très lentement car les routes étaient mauvaises et les chevaux épuisés se traînaient péniblement. Pour évacuer les canons, il fallait de plus en plus de chevaux ; sur ordre de l'Empereur on préleva la moitié de ceux attelés aux fourgons à bagages. On élimina donc de ces derniers tout ce qui n'était pas indispensable ; partout se voyaient de grands bûchers où l'on brûlait le butin le plus précieux pris à Moscou. Vers le soir, alors que nous approchions de Dogorobuye [Dorogobouj], une bise âpre et glacée se leva. Nous établîmes notre bivouac à gauche[40] de la ville, et quoique nous pressant autour du feu, nous ne parvenions pas à réchauffer nos membres engourdis. Quelques-uns de mes camarades avaient fait main basse sur un bestiau et l'avaient abattu, plusieurs Français entendaient se l'approprier ; une dispute éclata et ne put être apaisée que par le partage du butin. Alors que nous venions à peine de sombrer dans le sommeil, la trompette sonnait déjà le départ. Un vent glacé de nord-est nous sifflait au visage. Le soleil s'étant élevé quelque peu, les nuages se firent de plus en plus denses. Tout à coup, d'épais flocons de neige se mirent à tomber et, poussés par le vent, remplirent l'atmosphère d'une masse tourbillonnante.

40. Jakob Meyer utilise souvent droite et gauche pour localiser un endroit, élément naturel, ville, cantonnement, etc. Cette indication doit sans doute se rapporter à la direction qu'il emprunte ou va emprunter.

Avec terreur nous nous vîmes soudain attaqués de toutes parts par l'hiver. La neige tombait si dru qu'elle nous piquait le visage.

Les chemins devenaient de moins en moins praticables, tout n'était plus qu'un immense désert neigeux ; l'empreinte de celui qui vous précédait disparaissait sans laisser de trace. La nuit tomba tôt, la tempête se fit de plus en plus rude et froide ; quelques-uns, épuisés et mal en point, ne parvinrent pas à rejoindre le bivouac près de Mikalevka. Le lendemain matin, au moment du départ, nous trouvâmes cinq de nos meilleurs artilleurs gisant morts près du feu. Ni notre bon lieutenant Döleke ni aucun d'entre nous ne put retenir ses larmes devant ce triste spectacle. Le 7, le froid se fit un peu plus vif, tout en restant encore supportable ; le 8, nous passâmes le Dniepr et atteignîmes Smolensk le 9. Nous étions persuadés d'y trouver des vivres, mais en vain, les Français se partageant l'essentiel des réserves de ravitaillement. Notre batterie ne consistait plus qu'en deux canons et un fourgon à munitions, c'est tout ce qui subsistait de sept attelages. À l'entrée de Smolensk, notre compagnie cantonna dans le faubourg et on logea chevaux et hommes dans un grand bâtiment. Nos artilleurs allumèrent un grand feu dans la pièce. À peine nous étions-nous allongés autour et quelques-uns endormis que tout le bâtiment partit en flammes. Nous ne nous en sauvâmes qu'au prix de grands dangers et la plupart de ceux qui s'étaient logés au deuxième étage périrent brûlés. Ce n'est que le 13 novembre que nous partîmes bivouaquer à Koritna. Le froid s'étant renforcé, de plus en plus de soldats morts de faim et de froid gisaient des deux côtés de la route, offrant un spectacle terrifiant. Le 25[41], le temps s'adoucit, le brouillard tomba et nous entendîmes devant nous le bruit des canons ; notre compagnie n'avait plus qu'une pièce, sur laquelle était assis notre sergent-canonnier Zippel, malade. Tandis que notre colonne marchait vers Krasnoïé, la canonnade prit fin. Arrivés sur une

41. Il doit en fait s'agir du 15.

hauteur, nous aperçûmes à gauche de la route, près d'un village et à portée de canon, un escadron[42] de cosaques qui sortait de la forêt. Un bataillon de grenadiers français de la garde les affronta avec deux pièces d'artillerie légère, dont nous avons pu constater l'effet dès les premiers tirs : une trentaine de cosaques et de chevaux étaient touchés et l'ennemi se replia derrière le village. À cet instant, une batterie adverse tira depuis la forêt sur le flanc gauche de notre colonne. Tout fut chamboulé et, dans ce chaos, le sergent Zippel tomba de son canon, mort ! Les cosaques, qui se tenaient embusqués, nous assaillirent et en profitèrent pour nous piller. Le soir, nous atteignîmes enfin Krasnoïé, ayant perdu notre dernier canon ; notre compagnie se débanda alors, chacun ne se préoccupant désormais plus que de sa propre sécurité. Le lendemain, je parvins à Liady, mon cheval se tenant encore sur ses jambes grâce à un peu de nourriture, et moi je trouvai du pain à manger pour la première fois depuis trois semaines. Napoléon arriva ici le même jour, je l'apercevais presque quotidiennement, vêtu ces temps derniers d'une fourrure et coiffé d'un bonnet vert. En ces temps difficiles, il se peut bien qu'il ait, comme moi, ressenti le mal du pays.

Le 17, je m'écartai de la route et au bout d'une heure aperçus une résidence noble. Alors que je n'en étais plus très loin, je remarquai au-delà de la propriété un paysan qui portait un sac pesant ; je le suivis et constatai que c'était un sac de farine. Je le lui pris. Un détachement posté là, composé principalement de Hollandais, prétendit m'enlever mon butin prétextant qu'il leur appartenait. Un chevau-léger de la garde qui arrivait à cet instant m'encouragea à surtout ne pas me laisser prendre la farine. Il s'ensuivit une dispute, l'officier s'en mêla et menaça, si je ne remettais pas le sac immédiatement, de m'arrêter et de me garder avec son détachement. Heureusement, notre maréchal Junot arriva à cet instant même à la ferme avec son entourage ; il se

42. *Pulk*, terme polonais pour désigner une formation de cavalerie légère.

renseigna sur notre différend et me fit, ainsi qu'au chevau-léger, discrètement signe de nous éloigner avec la farine, ce qu'il n'eut pas à nous ordonner une seconde fois. Pas bien loin de là, nous trouvâmes un village où plusieurs camarades se joignirent à nous. Avec la farine, on fit cuire du pain que l'on distribua. Tôt le lendemain matin, nous nous dirigeâmes de nouveau vers la route, mais en chemin nous nous perdîmes et nous enfonçâmes de plus en plus dans la forêt. Dans la neige, nous trouvâmes une trace fraîche ; l'ayant suivie pendant moins d'une demi-heure, nous tombâmes sur un amoncellement de meubles et de lits, une corbeille pleine de kopecks, monnaie de cuivre russe, et d'autres objets. Nous y restâmes quelques instants. Après une courte halte, nous nous apprêtions à reprendre notre marche lorsqu'une trentaine de paysans armés nous tombèrent dessus. Impossible de revenir sur nos pas, nous repartîmes au trot, poursuivis par les paysans et parvînmes au bout d'une heure à un grand domaine noble où nous eûmes la chance de rencontrer d'assez nombreux soldats de diverses nations alliées. Ils devaient déjà y avoir séjourné quelques jours, et plusieurs soldats morts gisaient dans le bâtiment. J'avais perdu mes vivres pendant la poursuite et fus contraint, comme les autres, à rejoindre la route militaire l'estomac vide ; non loin de Doubrovna je retrouvai l'armée, où la détresse croissait de jour en jour. Dès qu'un cheval tombait à terre, les soldats se précipitaient comme des corbeaux, hachant et coupant en morceaux la bête à demi morte, ce qui provoquait fréquemment des disputes et des visages ensanglantés. À défaut de chevaux récemment tombés, on se rabattait sur ceux crevés depuis quelques jours, déjà congelés et durs. Je consommais goulûment ce mets, retiré du feu à moitié cuit, sans sel ni gras.

La faim et le froid, ces deux cruels ennemis, ont détruit notre armée. Ils ont provoqué des comportements épouvantables et inhumains. Ainsi, lorsqu'un malade ne parvenait plus à avancer ou s'effondrait de froid et de faim, il arrivait souvent que ceux qui le dépassaient le dépouillent de tout et l'abandonnent tout nu. Un cuirassier français enveloppé de haillons marchait à quelque vingt pas devant moi et semblait malade ; il se coucha au bord de la route, luttant sans doute contre la mort, mais parvenant certainement encore à respirer. Ils furent plusieurs à se précipiter sur le pauvre malheureux. Je m'efforçai d'arrêter ces cruautés, aidé par un de nos artilleurs du nom de Katzwinkel, mais ces barbares le déshabillèrent prestement et complètement ; il mourut entre leurs mains.

J'arrivai à Doubrovna le 18 novembre au soir. La nuit, je ne trouvai rien d'autre à manger que quelques grains de blé isolés dans la paille, que nous fîmes cuire. Le lendemain, je quittai la route avec quelques hommes pour tenter de trouver du ravitaillement. À deux heures de la route, nous trouvâmes une très belle résidence noble. Alors que nous passions le portail, nous vîmes six ou sept Français courir à notre rencontre en criant : « Les cosaques, les cosaques ! » Mais nous étions pleinement convaincus que ce n'était pas vrai et les laissâmes partir. Nous entrâmes dans la propriété, un curé tout de blanc vêtu s'approcha en criant à gorge déployée : « Cosaques ! » Nous ne nous laissâmes pas impressionner, nous nous saisîmes du brave homme et le ramenâmes au château, où nous découvrîmes une cave munie d'une forte serrure. Le curé refusant absolument d'ouvrir, nous parvînmes néanmoins à forcer la porte et trouvâmes de la viande, du beurre, de l'eau-de-vie et encore bien davantage ; alors que pendant ce temps nos compagnons étaient de plus en plus nombreux, nous pûmes tous nous mettre quelque chose sous la dent.

Le 19, notre route nous mena à Orcha ; de loin déjà, je me rendis compte que je ne passerais pas le Dniepr de jour, parce que la garde française et plusieurs autres unités le franchissaient – un poste sur le pont était en effet chargé d'en barrer la route à quiconque n'appartenait pas à la colonne en cours de passage. Ayant l'intention de traverser l'après-midi même, si possible, je sortis une feuille de papier de mes fontes, la pliai comme une dépêche et apposai l'adresse d'un général. Je me fis passer au premier poste pour un ordonnance, montrai ma dépêche et franchis ainsi heureusement le pont. Là, on redonna quelques vivres aux Français, car on s'occupait d'eux mieux et plus tôt que de nous.

Juste après mon arrivée à Orcha, je trouvai une colonne composée de militaires de plusieurs armes. Elle s'était établie autour d'une maison qui avait brûlé ; je menai mon cheval par la bride et me joignis à eux. Une belle jeune femme bien habillée s'approcha de nous et me demanda un peu de nourriture. Elle raconta qu'elle avait été l'épouse du fourrier d'un régiment de lanciers polonais resté près de Mojaïsk. Je lui donnai à manger. Sur ces entrefaites, elle me suggéra de me rendre avec elle dans le village le plus proche, situé à l'écart, à une demi-heure d'Orcha, où nous pourrions cuisiner et nous reposer sans être gênés. La proposition me plaisait, j'osai malgré les cosaques alentour m'y rendre avec la belle et nous atteignîmes le village annoncé. Elle s'affaira immédiatement dans la maison, alluma le feu et se mit à la cuisine. J'étais si épuisé par les éprouvantes marches quotidiennes par grand froid et dans une neige profonde que je m'assoupis près du feu, la bride de mon cheval à la main ; j'ai bien dû dormir une demi-heure, et lorsque je me réveillai mon cheval et la femme avaient disparu. Dans un premier temps, je ne savais pas si je devais en rire ou en pleurer. Bientôt l'effroi et la fureur m'envahirent et je me précipitai hors de la maison pour tenter de récupérer ma monture. J'aperçus alors, au-delà du hameau, un groupe de soldats rassemblés autour d'un feu. À ma grande joie, je vis mon cheval auprès d'eux. Les Français commencèrent par défendre la voleuse contre mes attaques, mais après avoir appris plus précisément de moi ce qui s'était passé, ils la chassèrent de leur cercle.

Le 23 novembre, nous atteignîmes Bober [Bobr] ; le dégel s'amorça, cessa cependant le lendemain, mais le froid était moins intense. L'après-midi du 27, en compagnie du sergent-major Werner que j'avais rencontré en chemin, nous parvînmes à la Bérézina. Deux ponts traversaient cette rivière, celui de droite était déjà devenu infranchissable en raison d'un gros amoncellement de chevaux morts et de chariots qui en interdisait pratiquement l'accès. Le pont amont, à gauche, servait ce jour-là principalement aux gardes françaises et à l'artillerie. Vers 3 heures de l'après-midi, les Russes se mirent à faire feu sur le flanc gauche du cantonnement depuis une hauteur ; tout le monde fut pris de panique, se mit à courir en tous sens, à crier et à gémir. On forma en urgence un groupe de cavaliers issus de toutes les armes qui riposta à l'ennemi, sur quoi la canonnade prit fin. La nuit suivante, on vida les fourgons et les chariots des cantinières. Derrière l'un d'eux, qui semblait appartenir à un commissaire français, je trouvai une imposante fourrure neuve formée de peaux de renard noires et rouges assemblées, ainsi que quelque six livres de chocolat emballées dans un morceau de tissu, trouvaille fort bienvenue. Je coupai la fourrure en deux, en posai une partie sur le cheval et pratiquai dans l'autre deux trous pour y passer les bras ; je passai mon manteau par-dessus, ce qui me protégeait assez bien du froid. Ce n'est que vers 11 heures du soir que je retrouvai notre sergent-major[43], couché près d'un feu ; je lui proposai de traverser le pont avec moi la nuit même, mais il n'était pas d'humeur à me suivre. Vers 1 heure, je me mis en route et passai le pont avec quelques soldats isolés. Sur la rive opposée, je tombai sur une compagnie de sapeurs et de pontonniers installés autour d'un grand feu. Les deux officiers me permirent de me joindre à eux ; je leur offris un peu de chocolat, en échange de quoi ils m'invitèrent à prendre le café avec eux.

Cette nuit-là, le froid devint plus intense ; il soufflait un vent du nord glacial. Au lever du jour, les gens se pressèrent de

43. Dans l'édition de 1837, Jakob Meyer corrige en fin de texte « sergent-major » en « major ».

toutes parts vers le pont en vue de passer de l'autre côté. Dans cette cohue, ils furent nombreux à tomber dans la rivière pour trouver la mort dans ses vagues glacées ! C'était un spectacle lamentable que tous ces pauvres gens enveloppés de haillons, en partie malades, gémissant, debout dans la neige profonde, affamés et à moitié gelés, à l'affût pour passer la rivière. On imagine difficilement combien d'objets précieux durent être abandonnés aux flots.

Le 30, on marcha jusqu'à Plechenzky [Plechtchenitsy], le 1er jusqu'à Staïki. Le matin, alors que je faisais de nouveau un crochet pour trouver de quoi manger, je rencontrai en chemin un maréchal des logis et un simple soldat des chasseurs montés de la garde, tous deux de Strasbourg, seul le premier ayant encore son cheval.

Prisonnier des cosaques

À deux heures de la route militaire, nous arrivâmes à un petit village abandonné par ses habitants. Alors que nous fouillions une maison pour y trouver vivres et fourrage arriva un groupe de seize à dix-huit cosaques qui encerclèrent la maison et nous firent prisonniers. L'officier laissa quatre hommes pour nous garder et partit vers la droite avec les autres. Parmi nos gardiens se trouvait un vieux cosaque qui prétendait avoir participé jadis aux batailles d'Eylau, de Friedland et d'Austerlitz, ce qu'il me fit comprendre dans un allemand rudimentaire. Ce faisant, il nous servait généreusement de ses vivres et de son eau-de-vie tout en nous prévenant que, dès leur retour, les cosaques nous emmèneraient. Cette nouvelle funeste ne nous enchantait pas. Nos gardiens se régalaient d'eau-de-vie (*Wutka*[44]), dont ils détenaient

44. Dans le texte original ; il s'agit de vodka.

un plein tonnelet. Les chevaux des cosaques et les nôtres étaient attachés à l'entrée et bien nourris. Il était encore tôt, nos cosaques semblaient déjà ivres. Je m'éloignai, apparemment pour satisfaire un besoin naturel. J'avais jadis entendu dire que si l'on mêlait des rognures d'ongle à l'eau-de-vie elle rendait profondément ivre. Avec mon couteau, j'en raclai un peu que je jetai dans le pichet qu'ils nous faisaient passer une fois de plus. Cette mixture fit visiblement son effet car en moins d'une heure, nos quatre chers cosaques étaient profondément endormis, couchés autour du feu comme des porcs, ivres morts et ne se rendant plus compte de rien.

Nous nous fîmes signe aussitôt tous les trois, nous glissâmes vers les chevaux, les détachâmes et prîmes armes et bagages sans que les cosaques ne voient ou n'entendent quoi que ce soit. Nous prîmes alors des poignées de cendre du foyer, leur en jetâmes plein les yeux et détalâmes à grande allure, chacun avec deux chevaux. Après avoir chevauché environ deux heures en forêt, nous aperçûmes au loin un village à l'entrée duquel se trouvait une auberge[45]. Comme nous nous en approchions, un Juif vint vers nous, mais fit demi-tour aussitôt. Je laissai le cheval que je tenais à la longe à mon collègue et poursuivis l'israélite que je rattrapai avant l'auberge. Je lui demandai pourquoi il s'était enfui ; il répondit que les cosaques l'avaient utilisé comme guide jusqu'au village et plutôt que de le payer, ils l'avaient grassement récompensé en monnaie de knout[46]. À notre grande joie, nous apprîmes aussi que ces cosaques étaient justement ceux qui nous avaient laissés auprès de nos fidèles gardiens mais ils étaient partis dans une tout autre direction que celle que nous voulions prendre pour rejoindre l'armée. L'israélite m'exhorta à nous éloigner rapidement pour ne pas nous faire rattraper par les

45. L'original se lit *Kretschem*, terme slave qui est passé dans l'allemand courant.
46. Il écrit *Kantschu*, qui désigne le knout dans certaines langues slaves. Le knout est un fouet dont les lanières se terminent par des crochets ou des boules de métal.

cosaques : ils ne devaient pas être à plus de deux heures du village. Le Juif n'accepta d'abord pas de nous guider jusqu'à la route militaire, à deux heures de marche ; cependant de bonnes paroles et les cinq roubles d'argent que je lui promis pour sa peine le convainquirent de nous rendre ce service. Les fontes prises aux cosaques étaient pleines d'argent[47], de montres et d'or, mais nous étions trop pressés pour les ouvrir maintenant. Je donnai donc ma montre en gage à notre guide jusqu'à ce que nous ayons rejoint nos troupes. Nous étions à moins d'une heure de notre armée quand le ciel s'assombrit. Soudain, dans un bois que nous devions traverser, nous nous trouvâmes encerclés par un essaim de paysans armés. Mon collègue maréchal des logis me dit de tenir les chevaux, car il entendait mettre rapidement un terme à l'affaire. Je fis ce qu'il m'avait intimé, les deux gardes sortirent leurs pistolets, tirèrent dans le tas, sabrèrent de droite et de gauche et les dispersèrent. Un détachement de Français, qui s'était joint à nous à cet instant, mit fin d'un coup à cet incident. Trois paysans furent blessés et nous en emmenâmes deux comme prisonniers. La nuit était déjà tombée quand nous parvînmes sains et saufs au piquet de Selitska. Nous fîmes généreusement présent d'argent et d'autres objets à notre guide qui s'en trouva ravi. Nous partageâmes entre nous trois notre butin de monnaie, d'or, d'argent, de montres et d'objets précieux et vendîmes les trois chevaux restants. Nous distribuâmes largement une partie de nos vivres à nos compagnons de souffrance. J'étais bien content de ma fortune et me voyais de retour chez moi. Je pensais à ma chérie et espérais pouvoir, avec mon butin, m'acheter un petit bien où je finirais mes jours, paisible et satisfait. Mais il en avait été décidé autrement dans le conseil suprême de Dieu !

Le 2 décembre, nous arrivâmes à Selitska et le 3, à Malodejna [Molodetchno]. Dans cette ville, la foule des soldats qui avaient

47. *Silber*, « objet en argent », « argenterie » ou « argent métal ».

déjà pris possession de tous les logis ne me permit pas d'en trouver et je dus donc, par un froid intense, camper sur la place du marché. Le 4 décembre, ce fut Benitska, où je retrouvai le maréchal des logis Lips du 1er hussards, natif de Cassel, et le brigadier Randel de Marburg, appartenant au même régiment, futur gendre du maître boulanger Ahrens, de Hannoversch-Münden. Nous partîmes tous trois de conserve jusqu'à Smorgony. Le 5 au matin, il se fit un grand bruit, et un détachement de cosaques surgit au galop jusqu'au marché, où quelques sentinelles françaises furent tuées ou blessées. Des renforts fraîchement arrivés en ville se joignirent à nous. Mes deux nouveaux compagnons, Lips et Randel, m'incitèrent à nous séparer du gros des troupes ; nous chevauchâmes jusqu'à un village où nous nous saisîmes d'un cochon vivant. Nous voulions revenir sur nos pas, mais il était déjà trop tard. Dans une clairière herbeuse, nous rencontrâmes notre armurier régimentaire, Georg Pfaff de Cassel, qui est toujours en vie, ainsi que plusieurs soldats de diverses nations, installés autour d'une meule de foin. Cette nuit-là, pour la dernière fois, nos chevaux se régalèrent de ce foin ; et nous passâmes une joyeuse soirée tous les trois ensemble, sans nous douter d'aucun malheur. Le 6 décembre marqua pour moi le début d'une période des plus désastreuses. Nous avions repris la route très tôt et étions arrivés dans un petit village. Là, dans l'entrée de l'auberge, se trouvaient trois soldats de l'infanterie saxonne et un paysan rassemblés autour d'un feu éteint, et sans leurs armes. Leur ayant demandé pourquoi ils étaient désarmés, ils répondirent avoir été capturés la veille par des cosaques qui leur avaient tout dérobé. Pendant notre conversation, le paysan s'était éclipsé, ce qui nous parut inquiétant. Nous nous remîmes aussitôt en route et n'étions pas même sortis du village que quelques Français suivis d'un chariot de ravitaillement vinrent à notre rencontre et nous crièrent dans leur langue : « *Nous sommes perdus* ! » Les cosaques s'étaient arrêtés à l'entrée du village. Alors que nous tournions bride pour ressortir de l'autre côté, ils nous crièrent à cinquante pas de nous rendre ; l'ennemi grouillait tout alentour. L'officier fit confisquer nos chevaux, notre bagage et nos armes, mais nous rendit nos vivres ; on nous transféra vers la lisière d'un bois où l'on avait déjà rassemblé près de mille prisonniers. On peut alors aisément imaginer l'état de notre moral.

Je vis aussitôt le prélude des tristes jours qui nous attendaient : un garde français prisonnier ramassa un sabre par terre et le cacha sous sa *chenille*[48]. Un Bachkire qui l'avait observé sabra et tua ce malheureux. Craignant pour ma vie, je m'éloignai, mais l'un des hussards gris ennemis tenta de me toucher de son sabre ; je sautai un fossé profond de huit pieds, reçus un coup de grâce[49] dans le dos mais trouvai à m'échapper et à me mêler au gros des prisonniers. Ma blessure se mit à saigner abondamment ; un soldat westphalien qui se tenait à mes côtés m'aida à panser la plaie qui était plus importante que je ne l'avais cru. Ainsi, il déchira un bout d'une vieille chemise qu'un cosaque avait tirée de son sac pour faire place au butin qu'il venait de dérober à nos gens. Nous étions en tout deux mille prisonniers qui, le même après-midi, furent emmenés par un détachement de cosaques. On nous prit le peu de vivres que l'officier nous avait laissé. Pendant trois jours, nous revînmes sur nos pas, sans recevoir la moindre nourriture ; nous survivions misérablement grâce aux quelques grains de blé extraits de la paille sur laquelle nous campions. Beaucoup d'entre nous succombèrent à la faim, au froid et à l'épuisement. Notre tendre et compatissante escorte ne se préoccupait pas des pauvres gens qui s'effondraient et luttaient contre la mort, couchés dans ce froid épouvantable.

Un vendredi, nous arrivâmes dans une petite ville par un froid très vif. Couchés sans aucun abri, nous ne parvenions à

48. *Cf.* note 24, p. 30, au sujet de ce terme.
49. Traduction littérale de l'allemand *Gnadenstoss*.

réchauffer nos membres engourdis qu'auprès d'un feu misérable entretenu par des objets combustibles de toute sorte. Que de compagnons de souffrance avons-nous trouvés au lever du jour, raidis et morts ! Quel spectacle lamentable et quelle perspective pour les survivants !

Au petit jour, je m'aventurai à courir en ville, j'atteignis le marché et entendis célébrer l'office du sabbat dans une maison juive ; je m'approchai des fenêtres, frappai et me fis reconnaître aux gens comme l'un de leurs coreligionnaires. Ils me passèrent par la fenêtre du pain et un peu de viande, mais là s'arrêta leur secours. Alors que j'errai dans la ville, un officier russe vint à ma rencontre et me demanda, en langue allemande, ce que je faisais là ; je lui racontai honnêtement ce que j'avais fait. Il me demanda alors d'où je venais ; quand je lui dis que j'étais de la région de Göttingen, il me répondit y avoir fait deux ans d'études, me donna quelques sous et me recommanda fortement de retourner dans ma colonne de prisonniers sous peine de me faire battre à mort par les paysans. Alors que je m'approchai de cette colonne, je vis le convoi s'éloigner sur une hauteur boisée. Et effectivement, des paysans armés de gourdins me poursuivaient déjà ; comme j'avais assez d'avance sur eux, j'échappai à ce danger. Je rejoignis notre lamentable colonne où d'ailleurs il ne me fut fait aucun mal.

De façon générale, les cosaques, tout dénués de compassion qu'ils fussent, n'offensaient ou ne maltraitaient aucun de nous intentionnellement ; je ne dirais pas autant de bien des Espagnols retors et portés au meurtre.

L'officier d'escorte, un homme amical, m'apprit qu'on allait nous conduire à Minska [Minsk], ce qui me réjouit, car la ville abritait beaucoup d'israélites dont j'espérais qu'ils me libéreraient de ma triste captivité. J'étais terrifié à l'idée de devoir vivre un long enfermement, c'est pourquoi depuis le début je voulais m'évader à la première occasion ; je ne pensai donc plus qu'à mettre mon projet à exécution à Minsk. Nous y arrivâmes un beau matin. Mon cœur battait de peur et d'espoir. Arrivé dans les faubourgs, j'aperçus au loin une maison habitée par un Juif ; la porte, ouverte, semblait inviter à entrer et j'échappai à l'escorte qui, pour mon bonheur, ne s'aperçut de rien. Une jeune Juive sortit de la chambre à ma rencontre. En larmes, je lui fis part de ma pitoyable situation, elle versa aussi des larmes de compassion, me mena près du poêle chaud et me réconforta de nourriture et de boisson. Cependant, elle m'informa avec regret ne pas pouvoir me donner asile bien longtemps, car elle logeait deux blessés russes qui passaient souvent dans la salle. De toute façon, son mari, qui rentrait à midi, ne voudrait pas que je passe la nuit sous son toit. Les Russes, deux jeunes hommes en uniforme élégant, arrivèrent bientôt sans se préoccuper de ma présence. Le maître de maison, un homme amical, me souhaita la bienvenue, mais me fit comprendre qu'il ne pourrait pas, sans courir un danger extrême, héberger un prisonnier tel que moi. Par la fenêtre, il me montra le domicile de son beau-frère afin que je m'y rende et me fasse conduire à l'hôpital juif pour y soigner ma blessure et mes pieds gelés. Je serais resté bien volontiers là, mais le refus bref et net de mon hôte m'incita à quitter sa demeure qui, après de telles souffrances, m'était apparue comme un paradis.

Il devait être 3 heures de l'après-midi, j'avais presque atteint la nouvelle adresse qui m'avait été indiquée lorsque je me trouvai face à un nouveau détachement de prisonniers de guerre que je n'eus pas le temps d'éviter. M'ayant aperçu, l'officier me fit aussitôt entrer dans leurs rangs par quelques coups de crosse dénués de tendresse.

J'avais donc de nouveau perdu la liberté brièvement recouvrée, mais pas encore tout espoir. Nous fîmes halte dans le faubourg devant une grande bâtisse inachevée qui semblait avoir été aménagée pour être une caserne ou un hôpital ; on y installa tous les prisonniers, de sorte que quelque cent cinquante personnes se trouvèrent entassées dans chaque salle. Un froid intense régnait en permanence et seules les exhalaisons dégagées par cette masse humaine permettaient de le supporter. Nous passâmes la nuit couchés sur un sol peu douillet. Le lendemain, on vint poser au milieu de la pièce un baquet de *zicharri*[50] (une sorte de pain émietté et séché, mélangé à une farine grossière) dont nous avons dû nous contenter. Au cours de la nuit, quinze hommes de notre salle étaient morts. Je ne fus pas peu étonné de retrouver parmi nous mon ami, le sergent-major Heddrich, mais nous ne pouvions nous apporter mutuellement qu'une maigre consolation. Je ne parvenais vraiment pas à me résigner à mon triste sort et pris de nouveau la décision risquée de m'évader. Toutes les admonestations de mon ami ne parvinrent pas à m'en dissuader. J'étais trop terrifié à l'idée de m'enfoncer toujours plus profondément en Russie et peut-être d'y succomber bientôt, à une mort atroce, comme tant d'autres.

Parmi les Juifs

J'étais enfermé avec mes compagnons d'infortune dans une pièce d'angle. La neige, épaisse de trois pieds, entourait tout le bâtiment ; je pouvais risquer de sauter du second étage sans être entendu. Une heure avant le lever du jour, je me postai à une fenêtre d'angle et déposai suffisamment de carreaux de leurs joints de plomb pour pouvoir sortir sans peine.

Mes malheureux camarades étaient encore plongés dans un profond sommeil et ne se rendirent pas compte de ce qui se passait. Après m'être assuré de ne pas avoir été remarqué par la sentinelle de ce côté, je sautai et m'échappai sans encombre.

La veille, j'avais déjà repéré comme refuge temporaire une grande mare gelée, couverte d'épais roseaux, à quelque cent pas de là. Je l'atteignis une demi-heure avant le jour. Mais là, je

---

50. Il s'agit de *soukhari*, des restes de pain séchés au four, qui se fabriquent encore aujourd'hui, industriellement.

courais le risque de mourir de froid, car je n'étais pas chaudement vêtu. C'est ce jour-là que j'eus les pieds gelés ; depuis, chaque année, mon séjour dans les roseaux se rappelle à moi car mes engelures éclatent. L'endroit était d'ailleurs bien choisi. J'avais remarqué que les israélites du faubourg passaient là matin et soir lorsqu'ils se rendaient à la grande synagogue. Lorsque j'en vis arriver quelques-uns, je m'approchai d'eux et me fis reconnaître comme l'un de leurs coreligionnaires. Ils m'entourèrent aussitôt et me menèrent à l'hôpital juif ; je remerciai le Tout-Puissant de m'avoir heureusement sauvé pour l'instant. Je n'ai pas eu à me plaindre d'être admis dans cet établissement de soins, bien qu'il n'y régnât pas l'ordre et la propreté les plus extrêmes, essentiellement en raison des troubles de la guerre. Il y avait là plusieurs militaires juifs qui presque tous avaient des membres gelés. Je fus tout surpris et heureux d'y trouver le docteur Löwenthal de Hannoversch-Münden qui était employé au grand hôpital militaire de la ville. C'est à lui que je dois la guérison de mes pieds gelés et de ma blessure. Au bout de sept semaines, j'étais rétabli et on m'adressa au séminaire[51] de la ville où je pouvais passer la nuit. J'étais libre de circuler de jour à ma guise et de pourvoir comme je pouvais à ma subsistance, le plus souvent en demandant l'aumône. Entièrement vêtu à la polonaise et pourvu d'une barbe longue et épaisse, j'avais tout à fait l'allure d'un Juif polonais, ce qui me mettait à peu près à l'abri des persécutions des Russes.

À cette époque, deux régiments d'infanterie russes occupaient Minsk[52], mais au cours de la guerre ils avaient fondu à trois cents hommes. Un beau jour, je rencontrai dans la rue le maréchal des logis Lips, avec lequel j'avais été fait prisonnier ; il était

51. Jakob Meyer écrit *Lehr-Institut*, « institut d'études », sans aucun doute la *yeshiva*, maison d'études talmudiques.
52. Ici Jakob Meyer écrit « Minzk ».

dans un état pitoyable. Les pieds gelés et enveloppés de chiffons, il était au service d'un officier russe dont il soignait les chevaux, mais il en était tout de même réduit à demander l'aumône. Je partageai avec lui mon maigre pécule, mais j'appris par la suite du docteur Löwenthal qu'il était mort au grand hôpital.

Je m'efforçai de gagner quelque argent par des travaux en ville. Entre autres besognes peu agréables, avec plusieurs de mes compagnons de souffrance, je transportais hors de la ville, sur des traîneaux, des cadavres provenant de l'hôpital général et les brûlais en plein champ. Il régnait en effet à l'hôpital une sorte de peste qui emportait quotidiennement une trentaine de personnes. Cette occupation me mit moi-même en danger d'être victime de la maladie.

Un soir, je fus saisi de tels maux de tête et de telles nausées que j'en devins comme fou. Le médecin me donna aussitôt un grand verre d'eau-de-vie assorti de poivre et d'un autre ingrédient. Il me fit ensuite courir pendant une heure avec cette mixture dans l'estomac, ce qui me fit fortement transpirer. Le lendemain matin, je me sentais de nouveau en pleine forme. Parmi les convalescents, se trouvait un certain Abraham, natif de Bonn, qui devait avoir été fournisseur ; apparemment les cosaques n'avaient pas vidé tous les recoins de ses poches, car il détenait encore quelques *Napoleons d'or*[53]. Il avait laissé entendre qu'il allait prochainement partir pour Vilna avec un négociant en tabac de Minsk, ce pourquoi il devrait payer deux *Napoleons d'or.* Cela n'était pas tombé dans l'oreille d'un sourd et je cherchai à apprendre qui pouvait bien projeter ce voyage et quand il devait avoir lieu.

Ayant eu la chance de recueillir tous ces renseignements, je me tins prêt pour le voyage, sans me demander si le marchand accepterait de m'emmener. Nous étions début février 1813. Il n'avait encore jamais fait aussi froid, lorsqu'un matin de très bonne heure l'un des charretiers entra dans notre chambrée et

53. En français dans le texte.

murmura quelque chose à l'oreille d'Abraham. Je m'en rendis compte et me préparai immédiatement à partir. Je laissai mes compères prendre quelque avance et les suivis lentement. Arrivé hors de la ville, j'aperçus dans une cour du faubourg quatre traîneaux attelés et là les voituriers me demandèrent ce que je voulais. Je répondis : « Vous suivre à pied jusqu'à Vilna ! » « Garde-t'en, répliquèrent-ils, as-tu seulement un passeport et de l'argent ? » « Bien sûr, j'ai les deux », répondis-je. Ils me demandèrent alors de présenter l'un et l'autre, ce à quoi je dis : « Si l'Abrehmel [c'est ainsi que les Juifs polonais nomment Abraham] montre les deux devant moi, j'en ferai autant. » J'étais en effet convaincu qu'il ne pouvait pas avoir de passeport. Le patron de la caravane, qui avait entendu notre conversation, vint à moi et me demanda si j'avais sérieusement l'intention de partir avec eux par une telle température et de risquer de mourir de froid. Je conjurai l'homme, en faisant appel à son bon cœur ; et non seulement il accepta, mais il me fit cadeau de deux florins polonais et d'une paire de bas pour le voyage. Il donna instruction à ses gens de me nourrir convenablement, en échange de quoi je dus m'engager à rendre toutes sortes de services.

Y avait-il homme plus heureux que moi ? J'allais pouvoir de nouveau me rapprocher un peu de ma patrie bien-aimée. Évidemment, il faudrait encore échapper à beaucoup de dangers et surmonter bien des obstacles. Mais je n'y pensais pas à ce moment-là.

Le voyage se déroula à une vitesse incroyable, grâce aux chevaux de traîneau russes. Le froid était épouvantable, des glaçons de près d'une coudée pendaient à nos barbes et nous arrivions à peine à tenir les yeux ouverts. Parvenu dans une auberge à 10 heures du soir, épuisé par le froid et les efforts, je m'endormis dans la salle derrière le poêle et ne m'aperçus pas que mes compagnons de voyage s'étaient remis en route. Lorsque l'aubergiste entra dans la pièce et me trouva endormi, elle me réveilla en me demandant pourquoi je n'étais pas reparti avec eux. Je ne saurais décrire ma frayeur ; que me fallait-il faire ? Je sortis précipitamment du bâtiment pour tenter de rattraper la petite troupe. Mais au lieu d'emprunter la route de Vilna, je repris la direction opposée. J'avais bien couru pendant une demi-heure lorsque je reconnus un poteau indicateur devant lequel nous étions passés à l'aller. Le mieux était sans doute de faire immédiatement demi-tour. Heureusement, la lune brillait et je rejoignis l'auberge où, à ma grande joie, je retrouvai un de mes compagnons de voyage qu'on avait renvoyé ici chercher le voyageur manquant. J'acceptai volontiers les reproches fort mérités qu'on m'adressa et me réjouis d'avance de notre arrivée à Vilna, où nous parvînmes effectivement le lendemain matin.

Grâce à une lettre de recommandation obtenue à Minsk, adressée à un riche commerçant, j'ai pu m'abriter, du moins la nuit, à l'institut d'études. J'y ai rencontré plusieurs militaires juifs français et un sergent italien très célèbre pour son érudition qui était très bien traité.

Un surveillant me chargea d'apporter quotidiennement l'eau nécessaire, ce que je fus bien obligé d'accepter. Un beau matin, alors que j'avais déjà porté plusieurs grands seaux pleins d'eau et que j'étais tombé sur le verglas, je me plaignis des souffrances que je devais endurer, d'abord au sergent italien puis, sur son conseil, au surveillant-chef. Grâce à son intervention, j'ai été ensuite mieux traité. Mais mon séjour n'était pas encore bien agréable : j'étais trop loin de mon pays et de ce qui, là-bas, était le plus cher à mon cœur. Que me restait-il à faire, sinon prendre patience et ne pas abandonner l'espoir d'un avenir meilleur !

Par hasard, ma situation s'améliora bientôt. Un artilleur français, un Hollandais[54], me persuada un jour de l'accompagner à deux heures de Vilna chez un distillateur qui pourrait nous offrir

54. En 1811 les Pays-Bas sont devenus des départements français (Zuider See, Yssel, Bouches de l'Yssel, etc.) ; ainsi, en 1813, ses artilleurs font partie de l'armée française, tout en parlant le néerlandais.

un bon emploi. Nous passions par la longue rue des Juifs, lorsqu'un Juif polonais qui était avec sa femme à la fenêtre d'une belle maison fit signe à l'un d'entre nous. Effronté, le gros Hollandais s'approcha rapidement de quelques pas, mais on le repoussa, et c'est moi qu'on appela à sa place. L'homme me demanda mon nom, d'où je venais et quelle avait été ma position dans l'armée. Satisfait des renseignements que je lui donnais, il demanda en souriant à sa femme si elle aimerait qu'il me prenne chez eux. La brave femme s'en remit à lui et je me trouvai ainsi provisoirement à l'abri. Mon patron, un homme de 40 ans, vivait sans enfant avec sa jeune épouse et possédait du bien ; il faisait négoce d'objets d'or et d'argent. J'acquis vite son entière confiance, mais ne souhaitais pas rester durablement en Pologne ; bien au contraire, j'aspirais en permanence à retourner en Allemagne et le brave homme promit de m'aider à me rapprocher de mon pays.

Pendant mon séjour à Vilna, j'ai eu assez souvent l'occasion de rencontrer plusieurs officiers westphaliens prisonniers, parmi lesquels certains que je connaissais personnellement, comme le général von Borstel, le colonel Rossi, le lieutenant-colonel Rauschenplat, le lieutenant von Hesberg et deux frères von Löwen.

Je ne puis passer sous silence une aventure amusante qui m'est arrivée à Vilna. En Pologne, les israélites se marient très jeunes, le plus souvent les deux mariés n'ont pas plus de 14 ans. Un jour que je regardais une de ces noces d'enfants, je fus tenté par les mets somptueux exposés sur la table. Un bouffon, qui n'avait pas grand succès auprès des invités et que beaucoup repoussaient sans ménagement, s'était retiré au fond de la salle près de moi et avait sans doute remarqué ce que je lorgnais. Il me proposa de nous introduire dans le cellier, par l'arrière de la maison, le soir, pendant la cérémonie de mariage, et de faire bombance. C'est ce que nous avons fait. Nous nous sommes largement régalés de mets délicieux et avons bu à la santé des jeunes époux. Pleinement rassasié, je ressortis précautionneusement par la fenêtre. À peine retombé sur mes pieds, je perçus un fracas épouvantable : ce lourdaud de Polonais était tombé de la fenêtre sur la vaisselle qui se trouvait au-dessous. Plusieurs personnes se précipitèrent aussitôt dans la pièce et mirent à mal mon pauvre compagnon de ripaille. Il criait sans cesse « *Au wai* ! *Au wai*[55] ! C'est l'Allemand qui m'a entraîné, je suis innocent, j'en prends Dieu à témoin », mais cela ne lui a pas évité de recevoir des coups. Quant à moi, pendant plusieurs jours, je me suis bien gardé de me montrer dans cette rue.

Après sept semaines passées à Vilna, j'ai trouvé une occasion favorable de quitter la ville et l'ai saisie avec joie. Après avoir traversé la Memel[56], je suis parvenu à Pren[57] où j'ai été aidé par le président de la communauté juive et bien reçu par les autres Juifs, auprès desquels j'essayais de me faire voir favorablement grâce à toutes sortes de récits, véridiques ou inventés.

Au bout d'une huitaine de jours, je partis pour Kalweria [Kalvarija], une grande ville de Lituanie, ce qui me rapprocha encore de mon pays d'une douzaine de lieues. J'y ai été fort bien accueilli et y passai un séjour très agréable jusqu'après la fête de la Pâque, grâce à l'hospitalité de mon hôte, marchand de vin, et de sa brave épouse, qui ne me laissèrent manquer de rien.

Aussitôt après la Pâque, je fus accepté dans un groupe de voyageurs qui voulaient se rendre à Leipzig. À plusieurs reprises, nous avons doublé des colonnes russes qui allaient rejoindre l'armée, mais sans que cela ne me mette en danger. Cependant je jugeai parfois bon de me faire passer pour sourd-muet quand les soldats me posaient des questions. Nous arrivâmes enfin à la Vistule, sans autre obstacle, à gauche de Polotzk [Polotsk], à une tête de pont sur la rive opposée. Elle était occupée par un fort détachement russe commandé par un officier. Pendant que

55. Prononciation yiddish de « O, Weh ! », onomatopée équivalente à « Ouille ! ».
56. Nom allemand du Niémen.
57. Aujourd'hui Prienai (lituanien), en allemand Prenen.

celui-ci inspectait la première voiture et contrôlait les passeports, je descendis sans me faire remarquer par l'arrière de la voiture où j'étais assis et me mêlai au personnel qui s'occupait des chevaux de la première voiture. J'ai ainsi passé le pont avec la voiture de tête et le danger qui me menaçait était conjuré ; je n'ai eu à déplorer que la perte de mon modeste pécule de trois Reichsthaler. Ce n'est qu'environ une heure après avoir passé la Vistule que je m'en suis aperçu. Je l'avais sans doute perdu en sautant de la voiture près du pont. Je n'ai cependant pas été tenté de retourner sur place le chercher.

Après quelques jours de route, nous arrivâmes à Tykocin, l'endroit même où la déclaration de guerre avait été annoncée à notre 8e corps d'armée dans son cantonnement. Le grand rabbin me procura un passeport qui me déclarait juif de Tykocin et je poursuivis mon voyage vers l'Allemagne. Mais à la frontière nous apprîmes que la guerre en Saxe avait pris une tournure favorable aux Français qui avaient gagné la bataille de Lützen. Ceci détermina mes compagnons de voyage à renoncer à se rendre à Leipzig et à se diriger vers Breslau pour y acheter des marchandises. Nous arrivâmes dans cette belle ville à la fin du mois de mai.

Mes compagnons de voyage souhaitaient attendre d'abord quelques jours ici, pour pouvoir, le cas échéant, se rendre néanmoins à Leipzig, mais de si mauvaises nouvelles nous parvinrent du théâtre des opérations qu'ils abandonnèrent définitivement leur projet. Je demeurai constamment avec ces gens. J'étais tranquillisé à l'idée de me trouver en Allemagne, mais une certaine appréhension me tourmentait néanmoins, comme si un grand malheur allait encore m'arriver.

Prisonnier des Prussiens

Entre-temps, j'essayai de me procurer d'une façon ou d'une autre de quoi subsister. Un beau jour, je me rendis chez un certain

Joachimsthal et lui contai mes malheurs en toute franchise afin de l'amener à me procurer un emploi. Un ouvrier qui s'affairait dans le vestibule entendit ce triste récit. L'après-midi j'arrivai dans la ferme où logeaient mes compagnons. Un des voituriers me raconta qu'un sergent de ville et un garde étaient venus à la ferme et avaient inspecté tous les recoins. À cette nouvelle, moi qu'une malchance tenace poursuivait depuis longtemps, je sentis mon cœur battre la chamade. Je soupçonnai immédiatement que j'avais été dénoncé par l'ouvrier de Joachimsthal. Peu de temps après, deux sergents de ville avec deux militaires de la garde s'avancèrent vers nous et pour mon plus grand effroi j'entendis : « Voici notre homme ! »

Je fus arrêté sur-le-champ, ce qui dans un premier temps me fit perdre mes esprits. Revenu rapidement en possession de mes moyens, je leur demandai ce qu'ils me voulaient. Sans un mot de réponse, ils me conduisirent dans une écurie où ils m'obligèrent à leur remettre mon baluchon. Il ne contenait qu'un peu de linge, quelques autres bricoles et deux lettres de remerciement écrites la veille à mes bienfaiteurs, l'une pour Vilna et l'autre pour Kalvarija, mais qui ne contenaient rien de politique. À peine étais-je parvenu dans la rue au sein de mon escorte que des cris fusèrent : « Ils ont encore attrapé un espion ! » On me jeta même des cailloux jusqu'à ce qu'arrivé devant un grand bâtiment en pierre, on me remette à un grand et robuste gaillard tenant un gros trousseau de clés.

On m'introduisit dans une pièce, on me fit mettre tout nu et rien n'échappa à une fouille minutieuse ; après qu'on m'eut pris mes derniers sous, on m'enferma dans un étroit réduit muni d'une petite fenêtre grillagée. Pour tout couchage, je n'avais qu'une vieille paillasse et une couverture de laine ! Je ne pouvais plus compter que sur moi-même et ma terreur n'en était que plus grande. De quoi m'étais-je rendu coupable ? me demandai-je. Comment cela finira-t-il ? Depuis une heure, j'étais plongé dans ces réflexions et d'autres du même genre lorsque, enfin, le gardien de prison entra, m'apportant un morceau de pain, une écuelle en fer-blanc et un cruchon de grès plein d'eau et expliquant que je recevrais de la nourriture chaude tous les midis. Les larmes aux yeux, je lui demandai pourquoi on me traitait avec tant de dureté et de cruauté, comme un assassin. En dépit de son air bourru, le gardien parut cependant touché et me demanda si je n'étais vraiment pas un espion. Je le lui assurai et lui racontai à cœur ouvert toutes mes tribulations. Là-dessus, il me consola en m'assurant que si, au cours de l'interrogatoire, il s'avérait que j'étais innocent, on me remettrait à coup sûr en liberté.

Pendant la nuit, les pires rêves me torturèrent puis, au réveil, toutes sortes de pensées effrayantes me traversèrent l'esprit. Quand il fit enfin jour, des rayons de soleil bienfaisants vinrent réchauffer ma couche. Je les accueillis comme un bon présage, pensai à Napoléon, au soleil d'Austerlitz et à celui de la bataille de Mojaïsk si vif et éclatant face à moi. Un apaisement merveilleux emplit ma poitrine. Ensuite le gardien ouvrit la porte de ma cellule et m'autorisa à me promener une heure dans la cour. Je me trouvai dans la noble compagnie d'assassins, hommes et femmes, entravés à double chaîne, qui me procurèrent un passe-temps affreux en me contant leurs actes héroïques. À 9 heures, la garde revint me chercher pour un interrogatoire à l'intérieur de la prison. On me demanda mes nom, âge, domicile, etc. Mes réponses furent presque conformes à la vérité, mais je trouvai bon d'affirmer que j'avais déserté dès l'entrée de la défunte Grande Armée française et trouvé refuge au séminaire juif de Vilna. Par la suite, quand les Français entamèrent leur retraite, persuadé de pouvoir retourner sans encombre dans ma patrie, j'avais tenté à tout hasard de quitter Vilna. Pendant la fête de la Pâque, j'avais séjourné à Kalvarija et ensuite j'avais cheminé derrière les chariots des Juifs sans qu'ils parviennent à m'en empêcher. Après cet interrogatoire, on me ramena dans mon cachot.

Le lendemain, je fus extrait de la prison pour être entendu par plusieurs juges qui me soumirent à un interrogatoire minutieux. Comme je m'en tenais à mes précédentes déclarations, je fus lavé de l'accusation d'espionnage, mais déclaré prisonnier de guerre en tant que soldat de l'armée de Westphalie. On me rendit mon baluchon et mon argent. Comme je protestai contre ce verdict, on me présenta le choix d'entrer au service de l'armée prussienne ou de rester prisonnier de guerre ; par bravade, je choisis la seconde solution.

On m'emmena dans une caserne proche de la porte de Leipzig ou de Dresde ; j'y trouvai quelque trois cents prisonniers de guerre de diverses nationalités. Nous avions droit chaque jour à une livre et demie de pain et deux *Ggr*[58]. Nous avions pour gardien un vieux capitaine prussien qui faisait faire l'appel chaque jour. Dans l'après-midi qui suivit mon arrivée dans les casemates, un convoi de deux cents à trois cents prisonniers de guerre français nous y rejoignit. Il était presque entièrement constitué de tout jeunes conscrits français, qui pour la plupart avaient été blessés à la tête et aux bras par la cavalerie ennemie.

Nous avons aidé ces malheureux à nettoyer leurs plaies à l'eau dans la cour de la caserne, ce dont le vieux capitaine prussien nous félicita à haute voix. Les blessés me faisaient tellement pitié que je dus m'éloigner pour laisser libre cours à mes larmes. Dans l'enceinte des casemates habitait une veuve dont le mari avait été *commissaire*. Le lendemain, cette brave femme me fit venir dans son logement et m'interrogea sur ma situation ; elle me dit qu'elle avait pitié de moi parce qu'elle voyait que je restais à l'écart des autres prisonniers, toujours plongé dans de tristes pensées. Cela la chagrinait car son fils, qui était soldat, pourrait bien se retrouver dans une situation semblable à la mienne. Quand je lui appris que j'étais israélite, elle me procura le soutien de mes coreligionnaires. J'allais chaque jour prendre le café chez elle.

58. Probablement *gute Groschen*, « sous de bon aloi » (source : Thomas Hemmann).

Le 23 mai nous parvint la nouvelle d'une grande bataille où les Français auraient subi une défaite totale. Ma bienfaitrice exprima à juste titre quelque méfiance à cet égard. En effet, peu de jours après, une longue file de voitures de blessés et de bagages se pressait à la porte de Leipzig ; on apprit bientôt que la bataille avait eu lieu à Bautzen et que c'étaient les Français qui avaient eu le dessus. On nous ordonna de nous mettre en ordre de marche et ce, selon ce que m'apprit la bonne dame commissaire, pour être transférés au fort de Schweidnitz[59]. La peur d'être enfermé dans une forteresse ou d'être peut-être même ramené en Russie me donna le courage de prendre tous les risques pour m'évader une nouvelle fois. Je fis aussitôt provision de vivres pour trois jours. Au crépuscule, je me glissai dans le grenier de notre accueillante commissaire qui jouxtait nos casemates et me cachai dans un coin pour y attendre la suite des événements. Vers minuit, j'entendis que l'on emmenait déjà mes compagnons d'infortune. Je demeurai là, malade d'angoisse, car si l'on ne venait pas me sauver d'ici quelques jours mon sort risquait d'empirer fortement.

1813 : de retour

Dans cette attente anxieuse, je restai dans ma cachette. Dès le lendemain matin, j'entendis assez distinctement le tintamarre de chariots qui se suivaient d'assez près. Bien que très incommodé par la forte chaleur qui régnait dans cet endroit confiné, sous les tuiles où le soleil dardait ses rayons brûlants, je patientai. Et là, le 1er juin, retentit le son des trompettes, ô combien charmant à mes oreilles ! La fanfare se rapprochait, je soulevai une tuile du toit et ciel, quelle joie ! Un régiment français de chasseurs à cheval, le 8e, franchissait la porte de la ville. En quelques

59. Swidnica en Basse-Silésie.

bonds, je fus chez ma bienfaitrice, qui en fut bien effrayée, tandis que je ne parvenais à lui dire que : « Je suis libre ! » Je pris précipitamment congé d'elle et, en cinq minutes, j'avais déjà rejoint l'avant-garde et m'étais présenté à son officier. Le général Lauriston qui commandait ce corps me fit établir un ordre de mission[60] pour Neumark, où se trouvait alors le quartier général français. Je n'arrivai dans cette ville que le 4 juin et j'eus la joie d'y trouver le colonel Humbert, de notre état-major, et le lieutenant-colonel von Lepel qui commandait un bataillon léger. Le premier se souvenait de moi depuis la bataille de Mojaïsk où son cheval ayant été tué sous lui, je lui en avais fourni un autre, attrapé par nos artilleurs. Le lieutenant-colonel von Lepel me conduisit contre mon gré, toujours vêtu en Polonais, dans une grande salle où plusieurs généraux étaient attablés. Le général baron von Denzel s'adressant à moi en allemand m'interrogea en grand détail. Je n'oubliai pas de lui citer les officiers westphaliens prisonniers que j'avais laissés à Vilna. On me servit un repas et du vin, et je ne manquai pas d'en vider une *bouteille*[61] à la santé des personnes présentes. Le général baron von Denzel fit circuler une corbeille pour moi et cela rapporta une somme suffisante pour que je puisse me vêtir correctement. Lorsque le quartier général fut ramené à Dresde, le colonel Humbert m'emmena dans sa voiture et me garda pendant tout mon séjour dans son logement. Là, je me débarrassai de mon accoutrement polonais et de ma barbe, et m'habillai de nouveau comme il faut.

À Dresde, je pris du bon temps. Je ne manquais de rien et pouvais aller me promener quand il me plaisait. Lors d'une de mes *excursions*, je pus constater de mes propres yeux à quel point les combattants, même s'ils souffraient, portaient d'affection à leur Empereur bien-aimé. Devant le grand hôpital où beaucoup de Français blessés étaient soignés, ils furent nombreux à se

60. Jakob Meyer écrit *Marsch-Route*.
61. En français dans le texte.

rassembler en voyant s'approcher l'empereur Napoléon et son entourage. Ils se mirent alors tous à crier à pleins poumons : « *Vive l'Empereur*[62] ! » puis coururent longtemps derrière lui en criant sans se lasser : « *Vive l'Empereur* ! »

Au bout de quelques semaines j'obtins, ainsi qu'un jeune officier français, un ordre de mission pour Cassel, *via* Gotha et Erfurt. Depuis Dresde, j'avais déjà informé ma famille de mon prochain retour, nouvelle que j'avais de bonnes raisons de ne pas annoncer à ma bien-aimée E**.

Après les nombreuses souffrances que j'avais endurées et les grands dangers auxquels j'avais par miracle échappé, j'atteignis enfin en octobre 1813 cette ville de Cassel qui m'était si chère et abritait ce que j'avais de plus précieux au monde. Dès mon arrivée, je me renseignai sur ma chère E** et j'appris avec joie d'un ami intime que ma bien-aimée ne m'avait nullement abandonné et était décidée à attendre mon retour aussi longtemps qu'il le faudrait. Dans la soirée, je me glissai sous sa fenêtre sans être remarqué et – qui pourrait décrire ma joie ! – je la vis, elle pour qui j'aurais été prêt à tout instant à sacrifier ma vie. Je lui fis dire par un soldat de bien vouloir venir à la porte quelques instants, qu'il y avait là un de ses proches parents de sa ville natale.

Elle sortit aussitôt et nous nous étreignîmes dans un grand cri de joie ! Comme j'étais heureux ! J'étais pleinement convaincu de sa fidélité et de son amour, si longuement mis à l'épreuve.

Plusieurs de mes frères arrivèrent dès le lendemain à Cassel pour me souhaiter la bienvenue et j'appris à ma grande joie que tous les miens étaient encore en bonne santé. Chaque jour, mes bons amis de Cassel m'adressaient des invitations. Peu après mon retour nous parvint la nouvelle de la bataille de Leipzig, suivie

62. En français dans le texte.

de la retraite des Français. Le royaume de Westphalie fut dissous et l'Allemagne fut libre. Moi aussi, je me trouvai libéré d'un état militaire qui ne m'avait pas apporté grand bonheur.

Épilogue

L'histoire de ma vie à partir de ce moment offre au lecteur trop peu d'intérêt pour que je m'y arrête plus longtemps. Je dirai juste que je m'installai alors à Dransfeld chez mon beau-frère J. Kaufmann qui m'accueillit gracieusement chez lui. En raison d'un défaut de constitution, je fus dispensé de service militaire à Hanovre et obtins l'autorisation formelle de m'établir à Dransfeld. Avec le consentement de la mère de ma bien-aimée E**, nous célébrâmes notre union en septembre 1816. Après plusieurs années de bonheur, où la chance semblait me sourire, le sort m'asséna de nouveau des coups durs, très durs : trop débonnaire et indulgent, je perdis la plus grande partie de ma fortune laborieusement acquise. Je perdis, à la fleur de l'âge, une fille de 15 ans tendrement aimée et pleine de promesses. La blessure que cet accident nous infligea n'était pas encore guérie que retentissait dans tout Dransfeld le cri de terreur : « Au feu ! Au feu[63] ! » En quelques instants, tous mes biens et ceux de bien d'autres furent consumés par ce funeste élément.

Nous étions dans une situation telle que nous pouvions à peine nous montrer aux gens. Mais dans sa grande bonté, la Providence, qui m'avait déjà tant aidé à sortir de ma détresse, m'envoya cette fois encore du secours. De véritables bienfaiteurs, le bon Ph. Berend de Nenndorf et sa famille, M. Zinsheimer de Gemünden, où ma femme était née, et plusieurs autres de mes bons amis, dont Mme Friedheim de Münden, nous ont aidés de toute leur affection à sortir de nos malheurs. Celle que j'ai déjà

63. En 1834 un incendie ravagea complètement Dransfeld.

mentionnée pour faire ses louanges, ma tendre épouse, a toujours partagé avec moi les joies et les peines. Elle contribue constamment à mon plus grand bonheur. Mon vœu le plus cher est que nous puissions longtemps encore cheminer unis ici-bas sur terre.

ANNEXE. LES PRÉFACES DES TROIS ÉDITIONS

« Mes amis et connaissances m'ont souvent demandé de consigner par écrit l'histoire de ma vie et de la publier. Cela n'a pas été pour moi une tâche facile, en raison d'une mémoire pas particulièrement fidèle. Je me suis néanmoins résolu à me rendre à ces sollicitations et à décrire les événements de ma vie brièvement et conformément à la vérité. Je prie l'aimable lecteur de considérer ce modeste ouvrage comme le récit simple et sans fioriture des multiples malheurs et souffrances que j'ai subis, en particulier durant les campagnes à jamais mémorables d'Espagne et de Russie. Qu'il soit indulgent à l'égard d'un auteur peu exercé aux travaux littéraires.

Dransfeld, juillet 1836. »

*

* *

« L'intérêt qu'a suscité de toutes parts le récit de mon histoire personnelle a épuisé en une demi-année la première édition. Cela m'a conduit à revoir mon livre, à l'améliorer et à le compléter. C'est sous cette nouvelle forme que je le présente maintenant à un public intéressé. J'espère que ceux qui, comme moi, ont combattu en Espagne et en Russie, ou qui ont perdu des parents ou des amis dans ces campagnes, considéreront ces pages comme un agréable et cher souvenir du passé. Mais je souhaite aussi que quiconque se retourne avec intérêt sur ces importants événements de l'histoire du monde ne reposera pas ce récit simple et véridique sans y avoir trouvé satisfaction.

Dransfeld, mars 1837. »

*

* *

« La faveur avec laquelle un public indulgent a accueilli également la seconde édition de mon modeste ouvrage m'a comblé d'une joie aussi grande qu'inespérée. Il me permet de publier une troisième édition, augmentée de nombreux compléments et améliorée autant que possible, de mes récits et aventures de guerre durant les fameuses campagnes d'Espagne et de Russie des années 1808 à 1813.

Je tiens à souligner que cette approbation m'a fortement encouragé à combler de nombreuses lacunes et à donner à certaines descriptions davantage de vie. Je me plais donc à espérer que cette édition satisfera également un plus large public.

Dransfeld, mai 1838. »

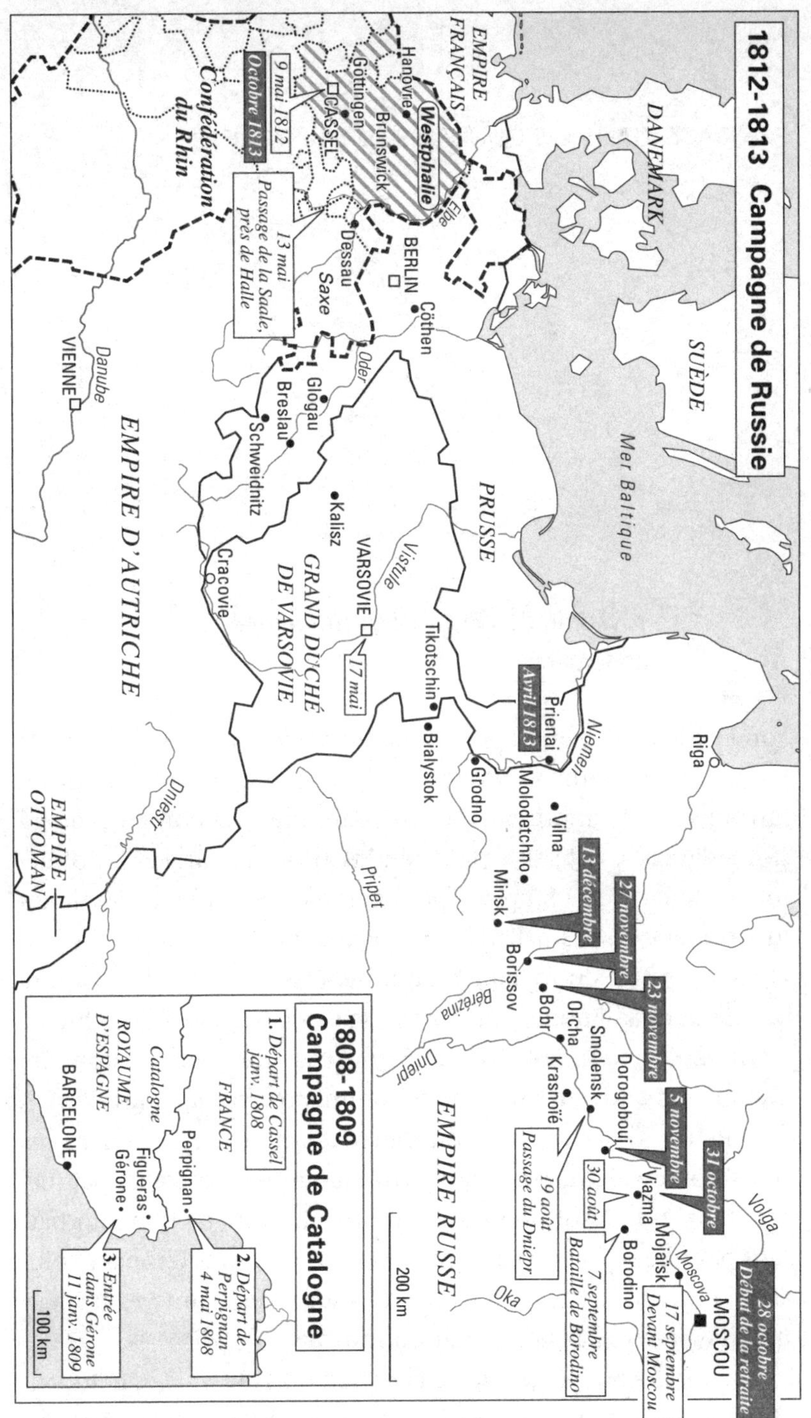

Les campagnes et itinéraires de Jakob Meyer

POSTFACE. DANS LES COULISSES DE L'HISTOIRE

Le royaume de Westphalie : modernité imposée et éphémère

Fondé fin 1807 par Napoléon et confié à son tout jeune frère Jérôme, le royaume de Westphalie est créé *ex nihilo* à partir de territoires ou de morceaux de territoires prélevés bon gré mal gré sur des alliés. C'est sur le plan administratif, culturel et juridique un transplant de l'Empire : par exemple, sa constitution et ses lois sont élaborées à Paris et transmises en langue française à Cassel, capitale du royaume, où il ne reste plus qu'à les traduire en allemand. Symbole unificateur, le Code Napoléon, origine de notre Code civil, est appliqué sous ce nom en Westphalie, comme dans tous les territoires administrés par la France.

Pour les habitants du nouveau royaume, c'est le passage sans transition de régimes féodaux à un État unifié, centralisé, laïque, égalitaire et bientôt sans corporations. Il est mené tambour battant par quelques Français envoyés pour entourer Jérôme et plusieurs autochtones déjà convertis aux idées des Lumières et à leur mise en œuvre par la Révolution française.

Pour la majeure partie de la population, avantages et inconvénients – dont la conscription et le logement des troupes de passage constituent les plus sensibles – semblent se compenser.

Si les Français ont eu quinze ans pour évoluer de l'Ancien Régime à l'Empire à travers la Révolution, le Directoire et le Consulat, les Westphaliens ont dû effectuer le même cheminement en quelques mois. On ne signale cependant pas de résistance populaire, mais le retour, en 1813, des diverses parties de la Westphalie à leurs anciens souverains semble avoir été accueilli avec joie.

Les Juifs de Westphalie

Le lecteur aura découvert, c'est la principale surprise annoncée dans la préface, que Jakob Meyer était juif. Quelle est l'incidence de la création du royaume de Westphalie sur sa population israélite et par suite sur le destin personnel de Jakob ? La naissance du royaume de Westphalie soumet les Juifs au véritable séisme que constitue leur émancipation. Jusque-là, comme dans le reste de l'Allemagne non annexée, ils formaient une « nation » à part dont les membres n'étaient pas des citoyens mais des étrangers temporairement tolérés et soumis à une législation spécifique. Désormais, et d'un seul coup, on en a fait des citoyens de plein exercice, à l'exemple des Juifs de France depuis 1791. Le royaume de Westphalie doit devenir le modèle de l'État moderne, héritier des Lumières et de la Révolution française. État laïque, il reconnaît à égalité toutes les religions à condition que tous ses citoyens se soumettent à son autorité.

L'existence des Juifs en sera bouleversée à plus ou moins court terme. Pour Jakob Meyer et sa famille, une conséquence est immédiate : les garçons sont soumis à la conscription[1]. Comme les Juifs ne peuvent pas se faire remplacer en cas de

1. Jusqu'à leur émancipation, en France comme ailleurs, les Juifs étaient en principe exclus de l'armée. Cependant, dès les derniers temps de la royauté, quelques-uns s'y étaient engagés. La révolution, égalitaire, les soumet à la conscription. Notre collègue Pierre Lautmann a exploré les fonds du Service his-

mauvais tirage[2], l'espoir de Jakob, engagé volontaire, d'épargner ainsi à son frère de se voir enrôlé se révélera illusoire.

Avant leur émancipation, la plupart des Juifs menaient, en cercle fermé, une vie rythmée par le calendrier hébraïque et les rites religieux, ciment de la vie communautaire. La communauté représentait ses membres auprès des autorités et les en protégeait. Avec la création du royaume de Westphalie et l'émancipation qui en découle, les Juifs relèvent directement, en théorie sans discrimination, des autorités civiles. Le respect des pratiques religieuses devient alors une affaire plus personnelle.

Si la transition semble parfois avoir été difficile et douloureuse, le résultat, à savoir l'intégration des Juifs à la population nationale, a été source de développement matériel, intellectuel et personnel pour eux et pour le pays. Le Grand Sanhédrin, assemblée de rabbins et notables juifs convoquée en 1807 par Napoléon pour traiter de la position sociale et civile des israélites dans la société française et organiser le culte en France, en donnant son accord à certaines dispositions dérogeant aux pratiques anciennes, avait perçu les avantages d'une émancipation maîtrisée. Parmi ces mesures figure la possibilité pour les militaires de renoncer à toute observance religieuse en cas de nécessité. Ces dispositions ont été transposées à l'identique en Westphalie.

Après la dissolution du royaume en 1814, toutes les mesures d'émancipation ont été abolies et la situation est revenue au *statu*

---

torique de l'armée de terre et y a trouvé plus de 1 300 militaires juifs dans l'Empire français de 1810. Parmi eux, environ 10 % se sont engagés volontairement. Du simple fantassin jusqu'au général, toute la hiérarchie est représentée.

2. En réalité, Napoléon est revenu sur certains points des dispositions de l'émancipation de 1791 par les « décrets infâmes » de 1808 limitant la liberté de commercer et mettant sous conditions certaines créances des Juifs. L'impossibilité de se faire remplacer fait partie de ces mêmes décrets. Ces mesures pragmatiques, très mal acceptées par les Juifs, visaient sans doute à calmer les débiteurs et les concurrents moins adroits, en vue de maintenir la paix civile dans la nation en guerre.

quo ante. La discrimination a repris, mais tant du côté des autorités que de la population juive l'expérience a laissé des traces. L'assimilation volontaire, la naissance d'un judaïsme réformé et une certaine acceptation des Juifs dans la société et dans les postes officiels, parfois au prix d'une conversion plus ou moins sincère, tout semble avoir accéléré l'intégration au cours du XIXe siècle.

Le judaïsme de Jakob

Le lecteur non prévenu n'aura appris que lors du passage de Jakob à Nîmes, sur le chemin de la Catalogne, que le hasard lui a attribué un logement chez un « coreligionnaire » nommé Salvedoir[3] et que celui-ci se réjouit de retrouver un membre de la « tribu des Lévites » comme lui. Le terme de « juif » ou d'« israélite » ne figure alors pas.

Dans la suite du récit, Jakob ne nie pas être juif mais il prend par rapport au judaïsme l'attitude d'un observateur extérieur. Cette distance surprend de prime abord.

Un épisode aurait pu mettre la puce à l'oreille plus tôt. Quelques mois après son entrée dans l'armée, Jakob est chargé d'établir un livre des habillements, tâche qu'il accomplit à l'entière satisfaction de son capitaine. Celui-ci le recommande à Israël Jacobson, banquier juif qui finance largement le royaume et qui est devenu président du consistoire israélite créé sur le modèle français. Jakob écrit simplement « le président Jacobson de Cassel ». Table-t-il sur les connaissances du lecteur ou bien cette occultation est-elle voulue ?

---

3. Nous avons trouvé dans les tables de l'état civil de Nîmes actuellement mises en ligne (http ://genebour.free.fr/newjufoxy/fp1.htm) une seule famille dont le nom se rapproche de l'improbable forme « Salvedoir » : un Benjamin Salvador, qui serait né en 1756 à Nice, a épousé à Nîmes le 9 messidor an II (27 juin 1794) Rachel Roquemartine. Il pourrait donc être en 1808 le père de deux filles de 12-13 ans et avoir perdu un fils de 10 ans.

La seconde citation d'un « israélite » se situe lors de l'hospitalisation de Jakob à Perpignan ; un certain Weil[4] vient lui rendre visite régulièrement et l'héberge ensuite pendant sa convalescence. Là le hasard n'y est pour rien, car il fallait bien que quelqu'un ait avisé un membre de la communauté juive qu'un coreligionnaire était hospitalisé. C'est probablement une des bonnes sœurs, que Jakob décrit avec admiration, pensant que ce malade avait besoin de soutien spirituel. Notre héros ne cache pas sa religion, même s'il n'y a pas encore fait allusion explicitement dans son récit.

Lorsqu'il était enfant, de 1786 à 1800, Jakob Meyer a certainement fréquenté une école juive[5], dans laquelle la formation religieuse occupait une place importante : lecture de l'hébreu, rites essentiels, connaissance de la Bible. Par la suite, le jeune homme a dû, pour tenter de progresser dans la vie active – essentiellement auprès d'employeurs juifs –, adopter le style de vie de ses coreligionnaires.

Autour de 1800, les Juifs allemands ne se singularisent plus vestimentairement, et pour la plupart ils s'en tiennent au repos du sabbat et travaillent, plus ou moins discrètement, le dimanche[6]. C'est, comme le respect des principales fêtes religieuses, essentiel pour montrer leur appartenance à la communauté juive puisqu'il n'y en a pas d'autre qui pourrait les accueillir.

Dans son récit, Jakob semble garder une certaine distance avec le fait juif. Au début de la retraite de Russie, il nous parle

4. Nous n'avons pu identifier ce personnage, les recherches effectuées à Perpignan se révélant infructueuses.

5. En l'absence d'enseignement public, la seule alternative aurait été l'école paroissiale, d'autant plus improbable que Jakob l'aurait signalé.

6. Bien des questions se posent pour la période du calendrier révolutionnaire, ou le *shabbat* tombait au hasard dans la décade. Il semble y avoir peu de documents sur ce sujet.

d'un « israélite » qui lui sert de guide. Un changement apparent se produit dès qu'il est fait prisonnier par les Russes et songe à s'évader. L'arrivée à Minsk, première ville hébergeant une importante communauté juive, lui donne l'idée de trouver assistance auprès des coreligionnaires[7]. Il l'exploite à plusieurs reprises, jusqu'à se déguiser en Juif polonais, longue barbe, longue houppelande, bénéficiant de la solidarité traditionnelle d'une communauté discriminée qui sait que son avenir est incertain. Mais, dès qu'il est sauvé, Jakob s'empresse de quitter sa défroque et de nouveau, jusqu'à la fin, plus un mot sur son judaïsme.

Un détail linguistique minime attire aussi l'attention à la fin de son récit : Jakob Meyer dit rester à Kalvarija jusqu'après la fête de la Pâque, du moins est-ce ainsi que nous avons traduit ce qu'il nomme *Osterfest.* Ce terme n'est utilisé en allemand que pour les Pâques chrétiennes, alors que la Pâque juive est désignée par *Passah,* transposition de l'hébreu *pesa'h.* Comme pendant les huit jours de la Pâque juive seule la consommation de pain azyme est autorisée, il est de tradition de retenir les hôtes de passage chez soi pour qu'ils soient sûrs d'en trouver.

Jakob Meyer serait-il donc un Juif assimilé au sens moderne du terme ? C'est peu vraisemblable à l'époque de ses campagnes, et cela le serait encore au moment de la rédaction de ses aventures de guerre. Une telle attitude l'aurait exposé à une sorte d'exclusion de la part de sa communauté, préjudiciable à sa vie sociale et économique.

Le récit fournit-il une piste pour mieux répondre à cette question ? Au cours de son séjour à Hambourg, que l'on peut dater des

---

7. Les contacts, apparemment aisés, entre Jakob et ses interlocuteurs juifs polonais soulèvent le problème de la langue utilisée. Il est probable mais pas certain que Jakob parle judéo-allemand, les Juifs polonais eux parlent le *yiddish,* issu de racines et de structures allemandes et parsemé de termes hébraïques et polonais, le tout avec des prononciations régionales spécifiques. Avec un peu d'effort et d'habitude, on peut s'entendre. La communication a sans doute été plus facile qu'avec les Russes ou les Polonais.

années 1804 à 1808 environ, Jakob apprend l'anglais auprès d'un professeur qui l'initie à « bien des choses encore » et lui inculquera « surtout le noble sens de la liberté ». On peut facilement imaginer que cet enseignant, touché par les idées issues de la Révolution française, a trouvé en Jakob un prosélyte enthousiaste. Son maître l'a-t-il convaincu des bienfaits de la séparation des institutions civiles et religieuses, le Code civil réglant la vie de tous et chacun étant autorisé à pratiquer sa religion ?

Jakob, esprit naïf et peu porté aux cogitations métaphysiques, se promet aussi monts et merveilles de sa vie militaire ; en endossant l'uniforme, il abandonne sans regret l'enveloppe du Juif urbanisé, qu'il reprendra sans aucun doute à son retour à la vie civile[8].

Une autre explication aux allusions minimes à l'appartenance au judaïsme de Jakob Meyer est possible : au moment de la rédaction de ses « aventures de guerre », le judaïsme allemand est en pleine recherche d'assimilation. Pourtant, les antisémites ne faiblissent pas. Le mouvement des Lumières, depuis le XVIIIe siècle, leur laisse entrevoir qu'il faudra bien accepter progressivement, à terme, les Juifs parmi eux, mais l'émancipation totale – et heureusement à leur avis, temporaire – sous Jérôme a constitué un traumatisme. Serait-ce pour ne pas heurter le lecteur, pour ne pas troubler l'évolution pacifique des relations des Juifs avec la population que Jakob semble porter un regard d'observateur extérieur sur tout ce qui est juif ?

Le judaïsme d'Élise

L'édition de 2004 établie par Friedrich Rehkop comporte une postface de Hans Riedel, condisciple et ami de Paul Meyer, dont

8. On notera que dans l'ensemble de son récit, Jakob utilise deux fois seulement le terme Dieu, deux fois celui de Créateur, jamais celui de Seigneur. C'est exceptionnel dans les textes de l'époque.

il a transmis le texte des *Aventures* à Friedrich Rehkop et nous a ainsi permis de le découvrir. On y lit : « Combien inattendu chez ce rude guerrier paraît ici son tendre amour pour la belle et jeune chrétienne Élise qui à Cassel attend si fidèlement son retour. » L'auteur n'est plus là pour nous indiquer ce qui l'a conduit à cette surprenante révélation, datant de 1992.

Le mariage, en 1816, de Jakob et d'Élise aurait-il été un mariage « mixte »[9] ? À l'époque, cela aurait été exceptionnel, mais il y a de quoi émoustiller des généalogistes. La postérité de Jakob, telle que connue par le témoignage de Paul Meyer, a mené une vie juive, ce qui tend à prouver qu'Élise est passée au judaïsme. La règle religieuse exige en effet que pour être considéré comme juif, il faut être né de mère juive.

Dans les registres d'état civil de Hann. Münden, qui débutent en 1874, il n'y a pas trace du décès d'une Élise Meyer. Nous nous sommes donc intéressés au registre des décès des Juifs de cette localité récupéré et transcrit par la fédération des communautés juives de Basse-Saxe[10]. On y trouve, le 3 avril 1878, le décès de Sarah Meyer, veuve de Jakob, à l'âge de 87 ans. Le prénom Sarah est un indice, sinon une preuve : lorsqu'une femme se convertit au judaïsme, on lui attribue un nom biblique, généralement Sarah[11]. Contrairement aux autres inscriptions, la sienne indique à la rubrique « Parents » : « inconnus ».

L'acte de décès de Sarah Meyer, lui, figure bien à l'état civil. La mort est déclarée par son fils Meyer, chez qui elle résidait. Elle

9. Monsieur Dietert note à l'appui de cette thèse que Jakob, lorsqu'il quitte Cassel pour la Russie, dit avoir reçu d'Élise l'assurance que « si profond que soit l'abîme qui les séparait, elle saurait le franchir ». Cet abîme pourrait bien représenter la différence de religion.

10. Landesverband der Jüdischen Gemeinden von Niedersachsen.

11. Les noms hébraïques se composent du prénom suivi du patronyme, nom du père. Pour les convertis, ce dernier n'étant pas juif ne peut être indiqué. On tourne la difficulté en lui substituant celui du père de tous les Juifs, le patriarche Abraham. Dans les cas de femmes, cela peut aussi être celui de la mère de tous les Juifs, Sarah.

serait née le 19 décembre 1791 à Gemünden, fille du sellier Sattler. Comme sellier se dit *Sattler* en allemand, il est impossible de déterminer s'il s'agit du vrai nom de jeune fille d'Élise ou simplement de la profession de son père. Un voile de doute semble avoir été jeté sur l'origine de la fidèle épouse de Jakob. Les recherches sur son baptême dans les archives diocésaines des paroisses du nom de Gemünden en Hesse et en Bavière n'ont pas abouti.

Que nous apprend la généalogie ?

Nous avons eu la grande chance de découvrir un chercheur participant à l'équipe du professeur Berndt Schaller de l'université de Göttingen, Eike Dietert. Il s'est attaché à la bourgade d'Adelebsen, où Jakob est né, et a relevé et exploité les pierres tombales du cimetière juif[12], ouvert au milieu du XVIIIe siècle ainsi que les *mappot*[13] du musée municipal de Göttingen. En effet, les documents que nous espérions retrouver sur l'état civil du royaume semblent avoir disparu et seuls des témoignages matériels subsistent.

M. Dietert nous a fait parvenir un arbre généalogique débutant par le père de Jakob et descendant en partie jusqu'à l'époque actuelle, pour ce qui concerne ceux demeurés à Adelebsen. Ce travail remarquable permet de confirmer certains points du récit ; nous exprimons notre admiration et notre gratitude à ce chercheur généreux.

12. Elles portent le nom hébraïque du défunt et sa date complète de décès.

13. Coutume des régions méridionales du pays ashkénaze, la *mappa* (pl. *mappot*) est une bande de tissu de quelque 3 mètres de long taillée dans le lange ayant enveloppé le nourrisson mâle lors de sa circoncision. Couverte de caractères enluminés, brodés ou peints, elle donne la date de cette cérémonie, le nom donné au bébé et des vœux pour son avenir. Quand elle subsiste, elle fournit la date de naissance.

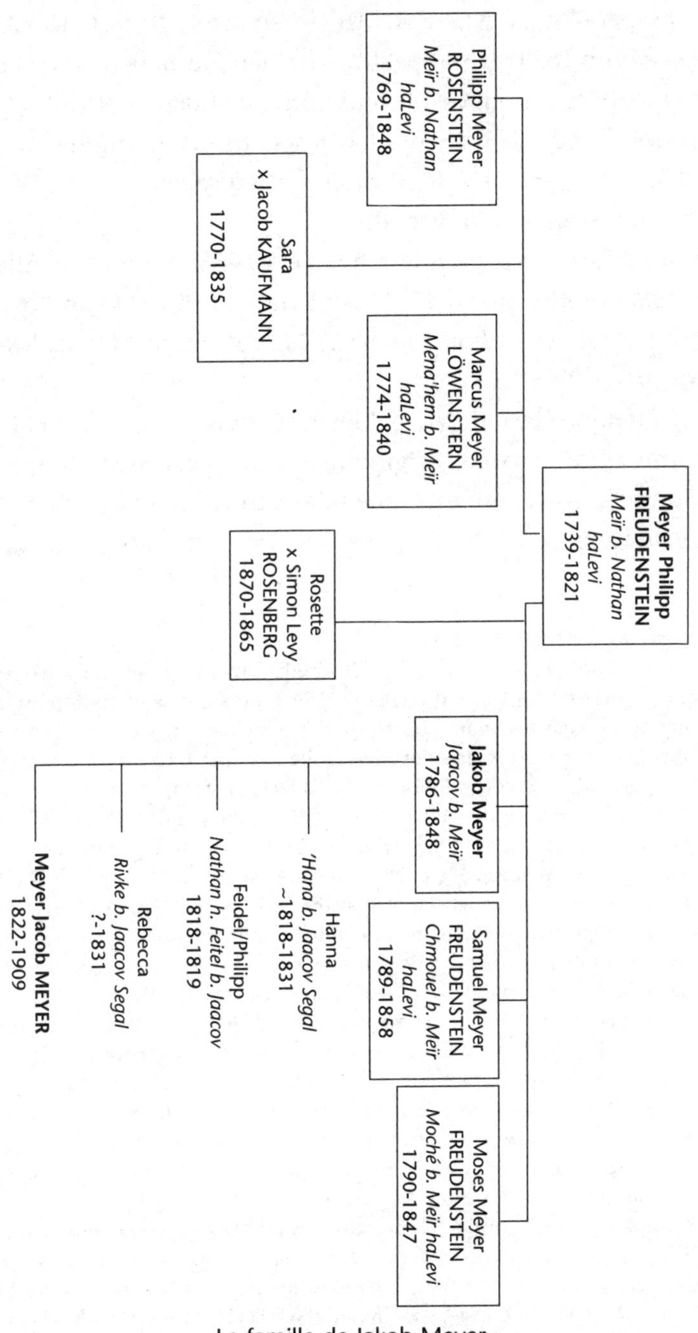

La famille de Jakob Meyer

Le père de Jakob, né le 16 septembre 1739, est décédé le 31 décembre 1821. Il s'appelait Meïr ben Nathan haLevi[14] et a pris en 1808[15] le nom de Meyer Philipp Freudenstein[16]. Il appartient donc bien à la tribu des Lévites, considérés comme les descendants des gardiens du Temple de Jérusalem, et ses propres descendants mâles à travers lui.

Il se marie une première fois vers 1765 et aura une fille et deux fils. *Nathan*, né en 1769, deviendra Philipp Meyer Rosenstein en 1808, *Mena'hem*, né en 1774, deviendra Marcus Meyer Löwenstern[17].

Sa femme étant décédée, Meyer Philipp se remarie vers 1780 avec une certaine Golde originaire des environs de Marburg. Elle lui donnera quatre enfants, une fille et trois fils. *Jaakow ben Meïr*, né en décembre 1786 est notre héros[18]. Il prendra, loin de sa

---

14. Meyer fils de Nathan le Lévite.

15. (*Cf.* aussi note 11, p. 87.) Les noms hébraïques (prénom suivi du patronyme) présentent aux administrations civiles de gros problèmes de gestion, puisque le patronyme change à chaque génération. Napoléon imposera en France, le 20 juillet 1808, l'adoption de noms de famille fixes par tous les Juifs, pour faciliter en particulier la conscription et la collecte des impôts. En Westphalie, l'Empereur en a déjà imposé autant par un décret du 31 mars 1808.

16. Pour bien comprendre la suite, *Feitel* (*Feist, Fabius*) est le surnom de *Nathan* et deviendra Philipp. *haLevi*, le Lévite, est équivalent à *Segal*. Le patriarche *Meïr ben Nathan* est communément appelé avant 1808 Meyer Nathan, Meyer Feitel ou Meyer Philipp. En 1808, il gardera comme double prénom, après germanisation, son prénom suivi de celui de son père et y accolera son nouveau nom de famille. Il en ira de même pour les deux générations suivantes.

17. Chaque adulte est libre du choix de son nom de famille lors des adoptions de noms stables en 1808. S'il a des enfants mineurs, ceux-ci sont déclarés par leur père et reçoivent d'office son nom de famille. *Nathan* et *Menachem* sont majeurs en 1808, on ne peut tirer aucune conclusion des différences entre leurs noms et celui de leur père. Des trois frères issus du second mariage, seul Jakob est majeur, ses deux frères mineurs ont été déclarés par leur père et portent son nom de famille.

18. Pourquoi ne trouve-t-on pas la mention *haLevi* ? Les noms hébraïques que cite M. Dietert sont ceux relevés sur les pierres tombales. Si Jakob n'est pas mentionné comme Lévite, trois de ses enfants, décédés du vivant de leur père, le sont à sa place. Hanna (*Hana bat Jaacov Segal*) 1817 ?-1831, Feidel/Philipp (*Nathan kham* dit *Feitel ben Jaacov Segal*) 1817-1819 et Rebecca (*Rivke bat Jaacov Segal*) ??-1831 sont

famille, le nom de Jakob Meyer. *Chmouel b. Meïr haLevi,* né en 1789, sera Samuel Meyer Freudenstein. *Moché ben Meïr haLevi* né en 1790 sera Moses Meyer Freudenstein.

Meyer Philipp Freudenstein, après avoir enterré sa seconde épouse, se mariera une troisième fois vers 1795 avec la veuve de Nathan Meyer de Hanovre, qui amène avec elle plusieurs enfants du premier lit. C'est là que débutent les aventures de notre héros.

Jakob Meyer aura quatre enfants. L'aînée, Hanna, naît vers 1817 et décède en 1831 : c'est elle la fille « tendrement aimée et pleine de promesses » décédée à l'âge de 15 ans dont Jakob déplore la perte dans l'épilogue de son récit. Philipp et Rebecca décèdent eux aussi, probablement en bas âge. Il reste donc un seul enfant survivant, c'est Meyer qui perpétuera la famille en engendrant douze enfants, dont onze parviendront à l'âge adulte et se marieront.

Le sort des descendants est celui de la plupart des familles juives d'Allemagne. Notons que cinq d'entre eux, un Löwenstern et quatre Freudenstein, émigrant en 1858 vers les États-Unis, périrent devant Terre-Neuve dans le naufrage de l'*Austria* qui les transportait. Quant à Adolf Löwenstern, né en 1858, il fut déporté en 1942 de Berlin au camp de concentration de Theresienstadt où il mourut en 1943.

---

morts très jeunes. Hanna et Rebecca sont décédées à vingt jours d'écart en octobre 1831, on peut imaginer qu'elles ont succombé à une épidémie.
Il reste Meyer Jacob, né le 7-6-1822, décédé en 1909 à Hann. Münden, qui aura douze enfants, dont onze se marieront et feront souche.

BIBLIOGRAPHIE

ADAM ALBRECHT, *Campagne du vice-roi Eugène en Russie. Dessins*, Munich, JM Hermann, s.d.

BOUDON JACQUES-OLIVIER, *Le Roi Jérôme, frère prodigue de Napoléon*, Paris, Fayard, 2008.

CHAPPEY JEAN-LUC et GAINOT BERNARD, *Atlas de l'empire napoléonien 1799-1815*, Paris, Autrement, 2008.

COMITE ZUR ABWEHR ANTISEMITISCHER ANGRIFFE, *Die Juden in Deutschland*, vol. 2 : *Die Juden als Soldaten*, Berlin, 1896.

DENNIEE PIERRE-PAUL, *Itinéraire de Napoléon pendant la campagne de 1812*, Paris, Paulin, 1842 (réédition Maurepas, La Vouivre, 1997).

DIF JEAN, *Les Mémoires de Jakob Walter. 1812*, Paris, Éditions historiques Teissèdre, 2003.

Encyclopedia Judaica, seconde édition, Jérusalem, vol. 21, n° 28, article « Westphalia ».

GIDAL NACHUM T., *Les Juifs en Allemagne de l'époque romaine à la République de Weimar*, Cologne, Könemann Verlag, 1998, p. 134-135.

GOUVION SAINT-CYR LAURENT, *Journal des opérations de l'armée de Catalogne 1808-1809 sous le commandement du maréchal Gouvion Saint-Cyr*, Paris, 1821.

GRUNWALD CONSTANTIN DE, *La Campagne de Russie. 1812*, Paris, Julliard, 1963.

GRUNWALD MAX, *Die Feldzüge Napoleons, nach Aufzeichnungen jüdischer Teilnehmer und Augenzeugen*, Vienne et Leipzig, Wilhelm Braumüller, 1913.

HAEUSLER D., *Tagebuch des Capitains Theodor von Papet über den Feldzug in Russland 1812*. Disponible sur le site www.amg-fnz.de, dans la rubrique « Quellen ».

HEMMANN THOMAS, *Memoiren und Biografien*. Disponible sur www.napoleonzeit.de (ce site est accessible en allemand et anglais).

HORWITZ LUDWIG, *Die Israeliten unter dem Königreich Westphalen*, Cassel, 1900.

Jérôme Napoléon, roi de Westphalie, catalogue de l'exposition organisée au château de Fontainebleau, 2008, p. 48, 56, 127, 128, 130, 136, 137, 144.

König Lustik ! ? Jérôme Bonaparte und der Modellstaat Königreich Westphalen, catalogue de l'exposition au Museum Fridericianum de Cassel, Munich, Hirmer, 2008.

OBENAUS HERBERT (dir.) *Historisches Handbuch der jüdischen Gemeinden in Niedersachsen und Bremen*, Göttingen, Wallstein Verlag, 2005.

TARLÉ EUGÈNE, *La Campagne de Russie. 1812*, Moscou, 1938 et Paris, Gallimard, 1950, pour la traduction française par Marc Slonim.

TYRBAS DE CHAMBERET JOSEPH, *Mémoires d'un médecin militaire présentés et annotés par Erwan Dalbine*, Paris, Christian, 2002.

REMERCIEMENTS

Outre les personnes déjà citées sans lesquelles ce texte n'aurait pu paraître, Friedrich Rehkop, Thomas Hemmann et Eike Dietert, nous sommes redevables à de nombreuses autres d'aides variées dont nous les remercions chaleureusement : Dorit Besser (Standesamt Hann. Münden), Ségolène de Dainville-Barbiche (Archives nationales de France), Grégoire Eldin (Archives du ministère des Affaires étrangères), Michael Fürst (Landesverband der jüdischen Gemeinden von Niedersachsen), Heinz Hofmann, Alfred Klingelhöfer (Hessisches Staatsarchiv Marburg), Bernard Lyon-Caen, Rüdiger Riedel (fils de Hans Riedel, Hann. Münden), Professeur Berndt Schaller (Georg-August Universität Göttingen), Dr Peter Schulze (Stadtarchiv Hannover) et Sabine Wagener (Universitätsbibliothek Kassel).

TABLE DES MATIÈRES

Éditions Autrement - collection « Mémoires »

Abonnements au 1er janvier 2009 : la collection « Mémoires » est vendue à l'unité ou par abonnement (France : 132 € ; étranger : 161 €) de 8 numéros par an. L'abonnement peut être souscrit auprès de votre libraire ou directement à Autrement, Service abonnements, 77, rue du Faubourg-Saint-Antoine, 75011 Paris. Établir votre paiement (chèque bancaire ou postal, mandat-lettre) à l'ordre de NEXSO (CCP Paris 1-198-50-C). Le montant de l'abonnement doit être joint à la commande. Veuillez prévoir un délai d'un mois pour l'installation de votre abonnement, plus le délai d'acheminement normal. Pour tout changement d'adresse, veuillez nous prévenir avant le 15 du mois et nous joindre votre dernière étiquette d'envoi. Un nouvel abonnement débute avec le numéro du mois en cours. Vente en librairie exclusivement. Diffusion : Flammarion.

Achevé d'imprimer en octobre 2009 chez Corlet, Imp. S.A.,
14110 Condé-sur-Noireau (France). N° 121628.
Dépôt légal : novembre 2009. ISBN : 978-2-7467-1330-7. ISSN : 1157-4488.
Imprimé en France